# LES
# ECLOGVES
## ET MASCARADES DE
### P. DE RONSARD, GEN-
#### tilhomme Vandomois.

## A LA MEMOIRE
### DE
## TRES-ILLVSTRE ET TRES-
### vertueux Prince François de France,
#### Duc d'Anjou, fils & frere de Roy.
## TOME V.

### A PARIS,
Chez NICOLAS BVON, au mont S.
Hilaire, à l'enseigne S. Claude.

M. DCIIII.
Auec Priuilege du Roy.

FRANCISCVS VALESIVS HEN. III REG. FRANC. FRAT.

# A TRES-HAVT, TRES-VERTVEVX, ET TRES-auantureux Prince, François de France, Duc d'Anjou, fils & frere de Roy.

Andis que la vaillance, ame d'vn bon
   courage,
Vous pousse à regaigner l'ancien he-
   ritage
Des Princes vos ayeulx, & qu'ami du harnois
Vous marquez plus auant les bornes des François,
Aimant mieux la sueur, la poudre & la proüesse,
Que roüiller au Pleßis vos beaux ans de pareße:
Paris ne tient icy, où par l'impreßion
I'enuoye mes enfans en toute nation
Conceus de mon esprit par vne ardente verue,
Ainsi que Iupiter du sien conceut Minerue,
M'ouurant (sans emprunter de Vulcan le couteau)
Par peine & par trauail mon fertile cerueau.
,, Les enfans de l'esprit vn long siecle demeurent,
,, Ceux des corps iournaliers ainsi que les iours meu-
   rent.

Ie vous ay consacré mes Eclogues, à fin
Que vostre beau renom ne prenhe iamais fin
Non plus que les Pasteurs le suiet de ce liure.
Les Rois & les Pasteurs ont mesme estat de viure:

A ij

L'vn garde les troupeaux, & l'autre les citez,
Et les hommes qui sont mortelles Deitez.
Pource Homere, qui vit par longues renommées,
Appelloit les grans Rois les pasteurs des armées.
Dauid d'vn simple Pastre & de bas sang issu
Par les Prophetes oingt, au thrône fut receu:
Puis desirant l'honneur où tout Monarque aspire,
Plus outre par la guerre augmenta son empire.
Moyse d'vn Bergerot deuint Legislateur,
Deuint grand Capitaine, & comme vn grãd pasteur
Guida par les deserts ses troupes vagabondes,
Et fist passer son peuple entre les murs des ondes.
Pource ne dedaignez ce vulgaire present:
Et croyez, mon grand Duc, que rien n'est si duisant
Ny qui tant se conforme aux grandes Seigneuries
Que l'estat des Bergers & de leurs Bergeries.

# BERGERIE.

## LES PERSONNAGES.

Le premier joueur de Lyre dira le Prologue.
S'ensuit apres le Chœur des Bergeres.

### ENTREPARLEVRS.

Orleãtin, Angelot, Nauarrin, Guisin, Margot.

### PVIS.

Le I. Pasteur voiageur. Le II. Pasteur voyageur.

### PVIS.

Le second joueur de Lyre.

### PVIS.

Deux Pasteurs dedãs vn Antre, l'vn representant la Royne, l'autre Marguerite,
Duchesse de Sauoye.

# LE PREMIER IOVEVR

## DE LYRE COMMENCE.

Es Chefnes ombrageux que fans art la
    Nature
   Par fes hautes forefts nourrift à l'aman-
     ture,
Sont plus doux aux troupeaux, & plus frais aux
   Bergers
Que les arbres antez d'artifice és vergers.
  Des libres oifelets plus doux eft le ramage,
Que n'eft le chant contraint du Roffignol en cage,
Et la fource d'vne eau faillante d'vn rocher
Eft plus douce au paffant pour fa foif eftancher
( Quand fans arc elle coule en fa veine ruftique)
Que n'eft vne fontaine en marbre magnifique,
Ialliffant par contrainct en vn tuyau doré
Au milieu de la cour d'vn Palais honoré.
Plus belle eft vne Nymphe en fa cotte agrafée,
Aux coudes demy-nuds, qu'vne Dame coifée
D'artifice foigneux toute peinte de fard:
,, Car toufiours la nature eft meilleure que l'art.
  Pource ie me promets que le chant folitaire
Des fauuages Pafteurs doit d'auantage plaire
(D'autant qu'il eft naif, fans art & fans façon)
Qu'vne plus curieufe & fuperbe chanfon
De ces maiftres enflez d'vne Mufe hardie,
Qui font trembler le Ciel fous vne tragedie,

Et d'vn vers ampoullé, d'vne effroyable vois,
Redoublent le malheur des Princes & des Rois.
Escoutez donc, Pasteurs, les musettes sacrées
De nos Princes Seigneurs de diuerses contrées,
Qui font diuersement tout ainsi qu'il leur plaist
D'amoureuses chansons sonner ceste forest.

Ce ne sont pas Bergers d'vne maison champestre
Qui menent pour salaire aux champs les brebis paistre,
Mais de haute famille & de race d'ayeux,
Fils de Rois, dont le sceptre a fait en diuers lieux
Trembler toute l'Europe, & en toute asseurance
Conserué les troupeaux par les herbes de France.

---

## Le Chœur des Bergers composé de douze, assises dedans vn Antre, six d'vne part, & six de l'autre.

### La premiere partie du costé dextre commence en chantant.

SI nous voyons entre fleurs & boutons
Paistre moutons,
Et nos chéureaux pendre sus vne roche,
Sans que le loup sur le soir en approche
De sa dent croche :
Si Liz florir & Roses nous sentons,
Voyans mourir toute herbe serpentine :
Si nous voyons les Nymphes à minuit
En leur simple vasquine
Mener vn bruit
Dansans aux bords d'vne source argentine,
Si nous voyons le siecle d'or refait,

C'est du bienfait,
De la Bergere Katherine.

---

L'autre partie sort de l'Antre du costé gauche en chantant.

Quand vous irons baigner les grasses peaux
De nos troupeaux
Pour leur blanchir ergots cornes & laines,
Semant les champs de Roses à mains pleines,
Et les fontaines,
Et les ruisseaux:
Quand nous ferons aux Nymphes le seruice,
Et d'humble office
Irons versant le sang d'vn aignelet
Dedans du laict,
Pour sacrifice:
   Lors nous ferons de gazons vn Autel
Tout couuert de branche myrtine,
Et par vn vœu solennel,
De la Nymphe Katherine
Inuoquerons le renom eternel:
Puis d'âge en âge
En humble hommage
Dedans son Temple espandrons mille fleurs
Honorant son visage.
Car tant qu'Amour se nourrira de pleurs
Et de douleurs;
Deuant nos yeux nous aurons son image.

                              A iiij

## ECLOGVE I.

Le chœur des Nymphes toûtes enſemble
ſe prend par la main, & dit ceſte Chãſon en
danſant: puis ſe retirẽt en l'Antre d'où elles
eſtoient ſorties.

Nous auons veu d'vn Prince la ieuneſſe,
D'vn Prince fils d'vne grande Déeſſe,
Dont la beauté, la grace, & les valeurs
Ornent nôs champs, comme au matin l'Aurore
Orne le ciel, quand ſon beau front colore
Tout l'Orient de perles & de fleurs.

Puiſſent ſes ans croiſtre comme la Roſe
Q'vne pucelle en diligence arroſe
Soir & matin pour s'en faire vn bouquet,
Afin qu'vn iour ſi hautement il croiſſe,
Que ſur les Rois autant il apparoiſſe
Qu'vne foreſt par-deſſus vn boſquet.

Au bon Carlin le Ciel face la grace
De voir çà bas les enfans de ſa race
Pere des Rois, des peuples adoré:
C'eſt ce Carlin promis des deſtinées,
Sous qui courront les meilleures années
Du vieil Saturne & du ſiecle doré.

---

Les quatre Bergers & la Bergere ſe preſen-
tent enſemble ſortans chacun de
ſon Antre à part.

## Orleantin commence.

Puis que le lieu, le temps, la ſaiſon, & l'enuie
Qui s'eſchaufent d'Amour à chanter nous connie,

Chanton doncques Bergers & en mille façons
A ces vertes forests apprenon nos chansons.

Ici de cent couleurs s'esmaille la prairie
Icy la tendre vigne aux ormeaux se marie,
Ici l'ombrage frais va les fueilles mouuant
Errantes çà & là sous l'haleine du vent:
Icy de pré en pré les soigneuses Auettes
Vont baisant & suçans les odeurs des fleurettes:
Icy la gazouillis enroué des ruisseaux
S'accorde doucement aux plaintes des oiseaux:
Icy entre les Pins les Zephires s'entendent.

Nos flutes ce-pendant trop paresseuses pendent
A nos cols endormis, & semble que ce temps
Soit à nous en Hyuer, aux autres vn Printemps.

Sus doncques en cet Antre ou dessous cet ombrage
Disons vne chanson quand à ma part, ie gaige
Pour le prix de celuy qui chantera le mieux,
Vn Cerf apriuoisé qui me suit en tous lieux:

Ie le desrobay ieune au fond d'vne vallée
A sa mere au dos peint d'vne peau martelée,
Et le nourry si bien que souuent le grattant
Le chatoüillant, touchant, le peignant, & flatant,
Tantost aupres d'vne eau, tantost sur la verdure,
En douce ie tournay sa sauuage nature.

Ie l'ay tousiours gardé pour ma belle Thoinon,
Laquelle en ma faueur l'appelle de son nom:
Tantost elle le baise, & de fleurs odoreuses
Enuironne son front & ses cornes rameuses,
Et tantost son beau col elle vient enfermer
D'vn carquan enrichy de coquilles de mer,
D'où pend la croche d'et vn sanglier qui resemble
En rondeur le Croissant qui se reioint ensemble.

Il va seul & pensif où son pied le conduit?
Maintenant des forests les ombrages il suit,
Ou se mire dans l'eau d'vne source niousuë,
Ou s'endort sous le creux d'vne roche bossuë.
Puis il retourne au soir, & gaillard prend du pain
Tantost dessus la table & tantost en ma main,
Saute à l'entour de moy, & de sa corne essaye
De cosser brusquement mon Mastin qui l'abaye,
Fait bruire son cleron, puis il se va coucher
Au giron de Thoinon qui l'estime si cher.
Il souffre que sa main le cheuestre luy mette
Faict à houpes de soye & à mainte sonnette:
Dessus son dos priué met le Bast embourré
De fougere & de mousse, & d'vn cœur asseuré
Sans crainte de tomber, le tient par vne corne:
D'vne main & de l'autre en cent façons elle orne
Sa croupe de bouquets & de petits rameaux:
Puis le conduit au soir à la fraischeur des eaux,
Et de sa blanche main seule luy donne à boire.
Or quiconques aura l'honneur de la victoire,
Sera maistre du Cerf, bien heureux & content
De donner à s'amie vn present qui vaut tant.

### Angelot.

Ie gage mon grãd Bouc, qui par mont & par plaine
Conduit seul vn troupeau côme vn grand Capitaine
Il est fort & hardy, corpulent & puissant
Brusque, prompt, esueillé, sautant & bondissant,
Qui grate en se iouant de l'ergot de derriere
(Regardant les passans) sa barbe mantonniere:
Il a le front seuere & le pas mesuré,
La contenance fiere & l'œil bien asseuré:
Il ne doubte les Loups, tant soient ils redoutables,

Ny les Mastins armez de colliers effroyables,
Mais planté sur le haut d'vn rocher espineux
Les regarde passer & si ce mocque d'eux.

Son front est remparé de quatre grandes cornes,
Les deux proches des yeux sont droites comme bornes
Qu'vn pere de famille esleue sur le bord
De son champ qui estoit n'agueres en discord:
Les deux autres qui sont prochaines des oreilles,
En douze ou quinze plis se courbent à merueilles
D'vne entorse ridée,& en tournant se vont
Cacher dessous le poil qui luy pend sur le front.

Dés la poincte du iour ce grand Bouc ne sommeille
N'attend que le Pasteur son troupelet resueille,
Mais il fait vn grand bruit dedans l'estable, & puis
En poussant le crouillet de sa corne ouure l'huis,
Et guide les chéureaux qu'à grands pas il deuance
Comme de la longueur d'vne moyenne lance,
Puis les ramene au soir à pas contez & longs,
Faisant sous ses ergots poudroyer les sablons.

Iamais en nul combat n'a perdu la bataille,
Ruzé dés sa ieunesse en quelque part qu'il aille
D'emporter la victoire:aussi les autres Boucs
Ont crainte de sa corne, & le reuerent tous.
Ie le gage pour tant:voy comme il se regarde,
Il vaut mieux que le Cerf que ta Thoinon te garde.

### Nauarrin.

I'ay dans ma gibbeciere vn Vaisseau fait au tour
De racine de buis, dont les anses d'autour
D'artifice exellent de mesme bois sont faites,
Où maintes choses sont diuersement portraites.

Presque tout au milieu du Gobelet est peint
Vn Satyre cornu,qui de ses bras estreint

A vj

Tout au trauers du corps vne ieune bergere  
Et la veut faire choir deſſous vne fougere.  

   Son couurechef luy tombe, & a de toutes pars  
A l'abandon du vent ſes beaux cheueux eſpars  
Dont elle courroucée ardante en ſon courage  
Tourne loin du Satyre arriere le viſage  
Iſſayant d'eſchapper, & de la dextre main  
Luy arrache le poil du menton & du ſein,  
Et luy froiſſe le nez de l'autre main ſeneſtre,  
Mais en vain : car touſiours le Satyre eſt le maiſtre.  

   Trois petits enfans nuds de iambes & de bras  
Taillez au naturel, tous potelez & gras  
Sont grauez à l'entour : l'vne par viue entrepriſe  
Veut faire abandonner au Satyre ſa priſe,  
Et d'vne infante main par deux & par trois fois  
Prend celle du bouquin, & luy ouure les doits.  

   L'autre enflé de courroux, d'vne dent bien aiguë  
Mort ce Dieu rauiſſeur par la cuiſſe peluë,  
Se tient contre ſa grieue, & ſi fort l'a mordu  
Que le ſang ſur la iambe eſt par tout deſcendu,  
Faiſant ſigne du pouce à l'autre enfant qu'il vienne,  
Et que par l'autre cuiſſe à belles dents le tienne :  
Mais luy tout renſrongné pour neant ſupplié  
Se tire à dos courbé vne eſpine du pié,  
Aſſis ſur vn gazon de verte pimpernelle,  
Sans ſe donner ſoucy de l'autre qui l'appelle.  

   Vne geniſſe aupres luy pend ſur le talon,  
Qui regarde tirer le poignant aiguillon  
De l'eſpine cachée au fond de la chair viue,  
Et toute eſt tellement à ce fait ententiue,  
Que beante elle oublie à boire & à manger :  
Tant elle prend plaiſir à ce petit berger,

Qui en grinsant des dents tire à la fin l'espine
Et tombe de douleur renuersé sur l'eschigne.

   Vn houbelon rampant à bras longs & retors,
De ce creux Gobelet passemente les bors,
Et court en se pliant à l'entour de l'ouurage:
Tel qu'il est toutefois ie le mets pour mon gage.

### Guisin.

   Ie mets vne Houlette en lieu de ton Vaiseau.
L'autre iour que i'estois assis pres d'vn ruisseau,
Radoubant ma Musette auecques mon alesne,
Ie vy desur le bord le tige d'vn beau fresne
Droit, sans nœuds, & sans plis: lors me leuant soudain
I'empoignay d'alegresse vn goy dedans la main,
Puis couppant par le pied le tige armé d'escorce,
Ie le fis chanceler & trebucher à force
Desur le pré voisin estendu de son long:
En quatre gros quartiers i'en fis sier le tronc,
Au Soleil ie seichay sa verdeur consumée,
Puis i'endurcy le bois pendu à la fumée.

   A la fin le baillant à Iean ce bon ouurier,
M'en fist vne Houlette, & si n'y a cheurier
Ny berger en ce bois, qui ne donnast pour elle
La valleur d'vn Toreau, tant elle semble belle,
Elle a par artifice vn million de nœuds
Pour mieux tenir la main tous marquetez de cloux:
Et afin que son pied ne se gaste à la terre,
Vn cercle faict d'airain de tous costez le serre:
Vne poincte de fer le bout du pied soustient,
Rempart de la Houlette, où le Pasteur se tient
Desur la iambe gauche, & du haut il appuye
Sa main, quand d'entonner sa Laurette il s'ennuye:
L'anse est faite de cuiure, & le haut de ferblanc

Vn peu long & courbé, où pourroient bien de rang
Deux mottes pour ietter au troupeau qui s'esgare,
Tant le fer est creusé d'vn artifice rare.

Vne Nymphe y est peinte, ouurage nompareil,
Essuyant ses cheueux au rayons du Soleil,
Qui deçà qui de là de sur le col luy pendent,
Et desur la Houlette à petits flots descendent.

Elle fait d'vne main semblant de ramasser
Ceux du costé senestre & de les retrousser
En frisons sur l'oreille, & de l'autre elle allonge
Ceux du dextre costé, mignotez d'vne esponge
Et tirez fil à fil, faisant entre ses doits
Sortir en pressurant l'escume sur le bois.

Aux pieds de ceste Nymphe est vn garçon qui semble
Cueillir des brins de ionc, & les lier ensemble
De long & de trauers courbé sur le genou:
Il les presse du pouce & les serre d'vn noud,
Puis il fait entre-deux des espaces egaies,
Façonnant vne cage à mettre des Cigales.

Loin derriere son dos est gisante à l'escart
Sa panetiere enflée, en laquelle vn Regnard
Met le nez finement, & d'vne ruze estrange
Trouue le desieuner du garçon & le mange:
Dont l'enfant s'apperçoit sans estre courroucé,
Tant il est ententif à l'œuure commencé.

Si mettray-ie pourtant vne telle Houlette
Que i'estime en valeur autant qu'vne Musette.

### Margot.

Ie mettray pour celuy qui gaignera le prix,
Vn Merle qu'à la glus en nos forests ie pris:
Puis vous diray comment il fut serf de ma cage,
Et comme il oublia son naturel ramage.

Vn iour en l'escoutant siffler dedans ce bois
I'eu plaisir de son vol, & plaisir de sa vois,
Et de sa robbe noire & de son bec qui semble
Estre peint de safran, tant iaune il luy resemble:
Et pource i'espiay l'endroit où il buuoit
Quand au plus chaud du iour ses plumes il lauoit.

Or' en semant le bord de vergettes gluées,
Où les premieres eaux du vent sont remuées,
Ie me cachay sous l'herbe au pied d'vn arbrisseau
Attendant que la soif feroit venir l'oiseau.

Aussi tost que le chaud eut la terre enflâmée,
Et que les Lois fueilluz herissez de ramée
N'empeschoiet que l'ardeur des rayôs les plus chauxe
Ne vinssent alterer le cœur des animaux,
Ce Merle ouurant la gorge, & laissant l'aile pendre
Matté d'ardante soif en volant vint descendre
Dessus le bord glué, & comme il alongeoit
Le col pour s'abreuer (paumet qui ne songeoit
Qu'à prendre son plaisir!) se voit outre coustume
Engluer tout le col & puis toute la plume,
Si bien qu'il ne faisoit en lieu de s'en-voler
Si non à petits bonds sur le bord sauteler.
Incontinent ie cours, & prompte luy desrobbe
Sa douce liberté, le cachant sous ma robbe:
Puis repliant d'osier vn petit laberint,
Pour son buisson natal prisonnier il deuint
De ma cage & depuis fust le Soleil sous l'onde,
Fust qu'il monstrast au iour sa belle tresse blonde,
Fust au plus chaud midy, alors que nos troupeaux
Estoient en ruminant couchez sous les ormeaux,
Si bien ie le veillay parlant à son oreille,
Qu'en moins de quinze iours il fut vne merueille

Et luy fis oublier sa rustique chanson,
Pour retenir par-cœur mainte belle leçon
Toute pleine d'Amour: i'ay souuenance d'vne,
Bien que l'inuention en soit assez commune,
Ie la diray pourtant: car par là se verra
Si l'oiseau sera cher à celuy qui l'aura.

Xandrin mon doux soucy, mon Oeillet, &
  ma Rose.
Qui peux de mes troupeaux & de moy dis-
  poser
Le Soleil to° les soirs dedãs l'eau se repose:
Mais Margot pour t'amour ne sçauroit re-
  poser.
  Il en sçait mille encore & mille de plus belles
Qu'il escoute en ces bois chanter aux pastourelles:
Car il apprend par cœur tout cela qu'il entend,
Et bien qu'il me soit cher, ie le gage pourtant.

---

### Les chanson des Pasteurs.
#### Orleantin.

Quel poignant creue-cœur, quelle amere tristesse
Vous tenoit, ô forests, quand la blonde ieunesse
Qui sent tousiours la Bise éventer son harnois,
Sans crainte briganda le sceptre des François?
Et s'enflant de l'espoir d'vne fausse victoire,
Vint boire en lieu du Rhin les eaux de nostre Loire
Contre vn ieune orfelin, dont le pere indonté
Auoit leur nation remise en liberté.

  En ce temps coniuré la France en d'espit d'elle
Portoit desur l'echine vne gent si cruelle,
Et voyant contre soy tant de guerriers nouueaux
Soustenoit par despit les piedz de leurs cheuaux.

Phœbus se recula & la saison chargée
De neiges apperceut ceste troupe enragée
Saccager vos maisons au milieu de l'Hyuer:
Car iamais le Soleil ne voulut approuuer
Si cruel brigandage, abhorrant que le vice
Allast le front leué sans crainte de Iustice.
     Le peuple auoit perdu toute fidelité,
Le citoyen estoit bany de sa cité,
Les Autels despouillez de leurs Saincts Tutelaires,
Les Temples resembloient aux deserts solitaires
Sans feu sans oraison, & les Prestres sacrez
Seruoient de proye aux loups sur l'Autel massacrez.
     Nul tant maigre troupeau ne se trainoit sur l'herbe
Qu'il ne fust égorgé par l'ennemy superbe,
Qui d'vne main barbare emportoit pour butin
Gras & maigre troupeau, & Pasteur & mâtin.
     Les Faunes & les Pans, & les Nymphes compagnes
Se cacherent d'effroy sous le creux des montaignes,
Abominans le sang & les glaiues tranchans,
Et nulle Deité n'habitoit plus aux champs.
     La honte de mal-faire erroit entre les armes,
Et les harnois craquans sur les doz des gendarmes
Luisoient de tous costez: bref il n'y auoit lieux,
Tant fussent eslongnez ny reculez des yeux,
Il n'y auoit montagne, ou pendante vallée,
Ou desert, ou forest de verd enmantelée,
Ou rocher si poinctu qui ne sentist la main
Et la barbare voix de l'auare Germain.
     Les herbes commençoient à croistre par les rues,
Oisiues par les champs se rouïlloient les charrues:
Car la terre irritée & dolente de voir
Ses fils s'entre-tuer, leur nioit son deuoir,

Et en lieu de donner des moissons abondantes,
Ne poussoit que chardons & qu'espines mordantes.

Voiré & si du haut Ciel quelque bon Dieu n'eust
Vn remors vergongneux au cœur des ennemis, (nus
La France estoit perduë, & sa terre couuerte
De tant de gras troupeaux fust maintenant deserte,
Et bannis de nos champs, eussions esté contraints
Aller en autre part implorer autres Saints.

Mais vn Bourbon qui prend sa celeste origine
Du tige de nos Rois, & vne Katherine
Ont rompu le discord ; & doucement ont fait
Que Mars, bien que grondant, se voit pris & desfait

Ceste Nymphe & Royale, & digne qu'ô luy dressé
Des Autels tout ainsi qu'à Palas la Deesse,
La premiere nous dit : Pasteurs, comme deuant
Desgoisez vos chansons & les iouez au vent,
Et aux grandes forests si longuement muettes
R'apprenez les accords de vos vieilles musettes,
Et menez desormais par les prez vos Toreaux,
Et dormiez seurement sous le frais des ormeaux.

Elle nous rebailla nos champs & nos bocages,
Elle nous fist r'entrer en nos premiers herbages,
Et nos premiers courtils, & d'vn front adoucy
Chassa loin de nos parcs la peur & le soucy.

Et pource tous les ans à iours certains de festes
Donnans repos aux champs, à nous & à nos bestes
Luy ferons vn Autel tout pareil qu'à Iunon,
Et long temps par les bois sera chanté son nom.

Les bois le chanteront & les creuses vallées
Et les eaux des rochers contre-bas deualées
Le diront à l'enuy, & Echon qui l'oirra
Si souuent rechanter, souuent le redira.

Il n'y aura forest où son nom sur l'escorce
Des Chesnes les plus beaux ne soit escrit à force,
Et qu'à l'entour du nom ne pendent mille fleurs
En mille chapelets de diverses couleurs.

Il n'y aura Berger, soit qu'au matin il meine,
Soit qu'il rameine au soir son troupeau porte-laine,
Qui songeant & pensant & faisant vn discours
Que d'elle seulement est venu son secours,
Ne luy verse du miel, & qu'il ne luy nourrisse
A part dans vne prée vne blanche Genisse:
Ne luy sacre aux iardins vn Pin le plus espais,
Vn ruisseau le plus clair, vn Antre le plus frais,
Et luy offrant ses vœux, hautement ne l'appelle
La mere de nos Dieux la Françoise Cybelle.

O Berger d'honneur, les Saules ne sont pas
Aux aignelets séurez si gracieux repas,
Ny le Printemps n'est point si plaisant aux fleurettes,
Ny la rosée aux prez, ny les blondes Auettes
N'aiment tant à baiser les Roses & le Thin,
Que i'aime à celebrer les honneurs de Katin.

## Angelot.

Quand le bon Henriot par fiere destinée
Auant la nuict venuë accomplist sa iournée,
Nos troupeaux prenoyans quelque futur danger
Languissoient par les champs sans boire ny manger:
Et beslans & crians & tapis contre terre
Gisoient comme frappez de l'esclat du tonnerre
Toutes choses çà bas pleuroient en desconfort:
Le Soleil s'en-nua pour ne voir telle mort,
Et d'vn crespe rouillé cacha sa teste blonde,
Abominant la terre en vices si feconde.

Les Nimphes l'ont gemy d'vne piteuse voix,

Les Antres l'ont pleuré, les rochers & les bois:
Vous le sçauez forests, qui vistes és bocages
Les Loups mesme le plaindre & les Lions sauuages.

  Ce fut ce Henriot qui remply de bon-heur
Remist dès Dieux bannis le seruice en honneur,
Et se monstrant des arts le parfait exemplaire
Esleua iusqu'au Ciel la gloire militaire.

  Tout ainsi que la vigne est l'honneur d'vn ormeau
Et l'honneur de la vigne est le raisin nouueau,
Et l'honneur des troupeaux est le Bouc qui les meine
Et comme les espics sont l'honneur de la plaine,
Et côme les fruicts meurs sont l'honneur des vergers
Ainsi ce Henriot fut l'honneur des Bergers.

  Quantesfois nostre soc depuis sa mort cruelle
A fendu les guerets d'vne peine annuelle!
Qui n'ont rendu sinon en lieu de bons espics
Qu'Yuraie, qu'Aubifoin, que Ponceaux inutils!

  Les herbes par sa mort perdirent leur verdure,
Les Roses & les Lis prindrent noire teinture,
La belle Marguerite en prist triste couleur,
Et l'Oeillet sur sa fueille escriuit son malheur.

  Pasteurs en sa faueur semez de fleurs la terre,
Ombragez les ruisseaux de Pampre & de lierre,
Et de gazons herbus en toute saison verts
Dressez luy son sepulchre & y grauez ces vers:


L'ame qui n'eut iamais en vertu son egale
Icy laissa son voile allant à son repos;
Chesnes faites ombrage à la Tõbe Royale
Et vous Mãne du Ciel tõbez dessus ses os

  O Berger Henriot, en lieu de viure en terre
Sanglante de discords, de meurdres & de guerres,

Tu vu là haut au Ciel, où mieux que parauant
Tu vois deſſous tes pieds les Aſtres & le vent,
Tu vois deſſous tes pieds les Aſtres & les nuës,
Tu vois l'Air & la Mer & les Terres cognuës,
Comme vn Ange parfait deſié du ſoucy,
Et du fardeau mortel qui nous tourmente icy.

O belle ame royale au Ciel la plus hauſſée,
Qui te mocques de nous & de noſtre penſée,
Et des appas mondains qui touſiours font ſentir
Apres vn court plaiſir vn treſ-long repentir.

Ainſi qu'vn beau Soleil entre les belles ames
Enuironné d'eſclairs, de rayons & de flames,
Tu reluis dans le Ciel, & loin de toute peur
Fait Ange, tu te ris de ce Monde trompeur.

Où tu es, le Printemps ne perd point ſa verdure
L'orage n'y eſt point, le chaud ny la froidure,
Mais vn Air pur & net, & le Soleil au ſoir,
Comme icy ne ſe laiſſe en la marine choir.

Tu vois autres foreſts, tu vois autres riuages,
Autres plus hauts rochers, autres plus verds bocagés
Autres prez plus herbus, & ton troupeau tu pais
D'autres plus belles fleurs qui ne meurent iamais.

Et pour ce nos foreſts, nos herbes & nos plaines,
Nos ruiſſeaux & nos prez nos fleurs & nos fontaines
Se ſouuenant de toy, murmurent au milieu
De leurs ſurions ondeux qu'Henriot eſt vn Dieu.

Sois propice à nos vœux: Ie te feray d'yuoire
Et de marbre vn beau Temple au riuage de Loire,
Où ſur le mois d'Auril aux iours longs & nouueaux
Ie feray des combats entre les Paſtoureaux
A ſauter, à luter ſur l'herbe nouuellette,
Pendant au prochain Pin le prix d'vne Muſette

Là sera ton Ianòt qui chantera tes faits,
Tes guerres tes combats, tes ennemis desfaits,
Et tout ce que ta main d'inuincible puissance
Oza pour redresser la houlette de France.

Or adieu grand Berger: tant qu'on verra les eaux
Soustenir les poissons, & le vent les oyseaux,
Nous aimerons ton nom, & par ceste ramée
D'âge en âge suiuant viura ta renommée.

Nous ferons en ton nom des Autels tous les ans
Verds de gazons de terre, & comme aux Egipans,
Aux Faunes, aux Satyrs, te feront sacrifice:
Ton Perrot le premier chantera le seruice
En long surpelis blanc, couronné de Cyprés,
Et au son du cornet nous ferons aux forests
Apprendre tes honneurs, afin que ta loüange
Redite tous les ans, par les ans ne se change,
Plus forte que la Mort fleurissante en tout temps
Par ces grandes forests comme fleurs au Printemps.

### Nauarrin.

Que ne retourne au Monde encore ce bel âge
Simple, innocent & bon, où le meschant vsage
De l'acier & du fer n'estoit point en valeur,
Trop en prins maintenant à nostre grand malheur?
Hà! bel âge doré, où l'or n'auoit puissance!
Mais doré pour-autant que la pure innocence,
La crainte de mal-faire, & la simple bonté
Permettoient aux humains de viure en liberté.

Les Dieux visiblement se presentoient aux hômes,
Et Pasteurs de troupeaux par ces champs où nou
sommes
Au milieu du bestial ne faisoient que sauter,
Apprenant aux mortels le bel art de chanter.

Les bœufs en ce temps là paissans parmy la pleine,
L'vn à l'autre parloient, & d'vne voix humaine,
Quand les malheurs venoient, predisoient les dangers,
Et seruoient par les champs d'oracles aux Bergers:
Il ne regroit alors ny noise ny rancune,
Les champs n'estoient borneZ, & la terre commune
Sans semer, ny planter, bonne mere, apportoit
Le fruit qui de soy-mesme heureusement sortoit:
Les procez n'auoient lieu, la guerre ny l'ennuie.

Les vieillards sans douleur sortoient de ceste vie
Comme en songe, & leurs ans doucement finissoient,
Ou mangeant de queque herbe ils se raieunissoient:
Iamais du beau Printemps la saison esmaillée
N'estoit (aussi qu'elle est) par l'Hyuer despouillée.

Tousiours du beau Soleil les rayons se voyoient,
Et tousiours par les bois les Zephires s'oyoient:
Tousiours le Rosignol chantoit par la verdure:
Tous ces vilains oiseaux d'abominable augure,
Orfrayes & Chouans qui sont huppeZ au front,
Sur le haut des maisons ne chantoient comme ils font.

La terre par le Ciel encor'n'estoit maudite:
Son sein ne produisoit encores l'Aconite,
Vitriol, Arsenic, ny tous ces vegetaux,
Ny le pront Argent vif, principe des metaux,
Ny tout ce que Platon cache en son patrimoine,
Ny des fortes poisons l'execrable Antimoine:
Mais Mirrhe precieuse & l'Amome qui sent
Si doucement aux neZ, & le Basme & l'Encens:
Chacun se repaissoit dessous les frais ombrages
Ou de laict, ou de glan, ou de fraizes sauuages.

Car le bœuf laboureur, apres auoir sué
Comme il seit sous le joug, pour lors n'estoit tué

Ny la simple brebis qui nos vestemens porte,
Aux estaux des bouchers au croq ne pendoit morte,
Ny lors la vache mere oubliant le seiour
Des ruisseaux & des prez, ne mugloit à l'entour
Des ministres sacrez lamentant sa genice:
Car les fleurs & les fruicts seruoient de sacrifice.

O saison gracieuse! helas, que n'ay-ie esté
En vn temps si heureux en ce Monde alaité?

Maintenant on ne voit que Circes, que Medées,
Que Cacus eshontez aux mains outrecuidées,
Que Busirs, Geryons, que Vertomnes nouueaux,
Qui se changent en Tygre, en Serpens, en Oiseaux,
Et coulent de la main tout ainsi qu'vne Anguille,
Et aux moissons d'autruy ont tousiours la faucille.

Il me souuient vn iour qu'aux rochers de Béart
I'allay voir vne vieille ingenieuse en l'art
D'appeller les esprits hors des tenebes poudreuses,
D'arrester le Soleil & les sources ondeuses,
Et d'enchanter la Lune au milieu de son cours,
Et changer les Pasteurs en Tygres & en Ours.
Or elle preuoyant par magique figure
Que la bonté faudroit en la maison future,
Me conduit dans vn Antre, où elle me montra
Vn tableau qu'à main dextre attaché rencontra,
Et le lisant m'apprist dés enfance à cognoistre,
Le grand Pan des Bergers de toutes choses maistre:
Me monstra mille maux en ceste table escris,
Dont les hommes seroient en peu de temps surpris:
La Guerre, le discord, mainte secte diuerse
Et le Monde esbranlé tomber à la renuerse.

Mais prē cœur (ce disoit) car tant que les grāds Rois
De la Gaule aimeront les Pasteurs Nauarrois,

Tousiours

Tousiours leurs gras troupeaux paistront sur les mo-
tagnes,
Le froment iaunira par leurs blondes campagnes,
Et n'auront iamais peur que les proches voisins
Emportent leurs moissons ou coupent leurs raisins.

Pource ieune Berger, il te faut dés enfance
Aller trouuer Carlin le grand Pasteur de France:
Ta force vient de luy: Lors suyuant mon destin
En France ie vins voir le grand Pasteur Carlin,
Carlin que i'ayme autant qu'vne vermeille rose
Aime la blanche main de celle qui l'arrose,
Que les prez les ruisseaux, les ruisseaux la verdeur :
Car de son amitié procede ma grandeur.

### Guisin.

Houlette qui soulois és plaines Idumées
Comme troupeaux rangez conduire les armées,
Qui as regi Sicile & les monts Calabrois,
Et la ville, tombeau de la serene vois,
Maintenant ie te tiens de pere en fils laissée,
Qui dure n'as esté par les guerres cassée,
Et qui dois gouuerner encore dessous moy
Les troupeaux de Carlin mon Pasteur & mon Roy.

Icy les grands forests que les ans renouuellent,
Icy Carlin icy les fontaines t'appellent,
Les Rochers & les Pins, & le Ciel qui plus beau
Se tourne pour complaire à ton regne nouueau:
Toute chose s'egaye a ta belle venuë,
L'air n'est plus attristé d'vne fascheuse nuë,
La mer rit en ses flots, sans soufles est le vent,
Et les Astres au Ciel luisent mieux que deuant.

O grand Pasteur Carlin ornement de nostre âge,
Haste toy d'aller voir ton fertil heritage,

B

Enuironne tes champs & coutre tes Toreaux,
Et entens deformais les vœux des Pastoureaux.
    Katherine ta mere à ta main dextre assise
D'vn voyage si beau conduira l'entreprise,
Et te fera passer par tes villes, ainsi
Que passe par le Ciel vn bel Astre esclairci.
    L'honneur & la vertu iront deuant ta face,
Les fleuues les rochers les bois te feront place,
Et le peuple ioyeux en chantant semera
Tous les chemins de fleurs où ton pied passera:
Car tu es ce grand Roy que tant de destinées
Nous promettoient venir apres longues années
Pour gouuerner ta France, & pour estre le Roy,
Mais plustost le Recteur des peuples & de toy.
    On dit quand tu nasquis, que les Parques fatales
Ayans fuseaux egaux & quenoüilles egales,
Et non pas le filet & la trame qui est
De diuerse façon tout ainsi qu'il leur plaist,
Iettant sur ton berceau à pleines mains décloses
Des œillets, & des lis, du safran, & des roses,
Commencerent ainsi: Charles qui dois venir
Au monde, pour le monde en repos maintenir,
    qui par le destin en France deuois naistre
Pour estre des grands Rois le Seigneur & le Maistre,
Entens ce que Themis au visage ridé
Sur nos fuseaux d'arain a pour toy deuidé.
    Durant ton nouueau regne (auant que l'âge tendre
Laisse autour de ta lévre vn crespe d'or espandre)
L'ambition, l'erreur, la guerre & le discord
Par les peuples courront, images de la mort;
On fera pour tenir les villes asseurées,
Des fossez des rampars des ceintures murées,

Et l'horrible canon par le souffle animé
Vomira de sa bouche vn tonnerre allumé.

  On fera des rateaux des poignantes eſpées,
Les faucilles feront en lames detrampées,
L'auanctureux Nocher d'auarice conduit
Ira voir fous nos pieds l'autre pole qui luit.

  D'autres Typhys naiſtront, qui pleins de hardieſſe
Eſliront par la France encore vne ieuneſſe
De Cheualiers errans dans Argon enfermex :
Encores on voirra des Achilles armex
Combatre deuant Troye, & les riuieres pleines
De carcaſſes de morts rougir parmy les plaines.

  Mais ſi toſt que les ans en croiſſant t'auront fait
En lieu d'vn iouuenceau, homme entier & parfait:
Lors la guerre mourra, les harnois & les armes,
Les querelles mouront, les plaintes & les larmes,
Et tout ce qui depend du vieil ſiecle ferré
S'enfuira, donnant place au bel âge doré.

  Les hommes renoirront les Dieux venir en terre
Le Ciel ſans plus s'armer d'vn grommellant tonnerre,
Sans plus faire la greſle & la neige couler,
Fera deſur les champs la manne diſtiler.

  Les Pins, vieux compaignons des plus hautes mon-
      tagnes,
En nauires creuſeZ ne voirront les campagnes
De Neptune venteux: car ſans voguer ſi loin
La terre produira toute choſe ſans ſoin,
Mere qui ne ſera comme deuant ferüe
De rateaux aiguiſeZ ny de ſoc de charrüe.
Car les champs de leur gré, ſans toreaux mugiſſans
Sous le iougs ſe voirront de froment iaunſſans.
Les moiſſons n'auront peur des faucilles voutées,

Ny l'arbre de Bacchus des serpettes dentees:
Car tousiours par les prez l'ondoyant ruisselet
Ira coulant de vin, de nectar & de laict.

Le miel distillera de l'escorce des chesnes,
Et les roses croistront sur les branches des fresnes:
Le belier en paissant au milieu d'vn pré vert,
Se voirra tout le dos d'escarlate couuert,
De pourpre l'aignelet, & la barbe des chévres
Deuiendra fine soye à l'entour de leurs lévres:
Les cornes des toreaux de perles, & encor
Le rude poil des boucs iaunira de fin or.

Bref tout sera changé, & le monde difforme
Des vices du iourd'huy, prendra nouuelle forme
Dessous toy qui croistras pour auoir ce bon-heur,
O Prince bien-heureux, d'estre son gouuerneur.

Ainsi sur ton berceau ces trois Parques chenuës
Chantoient qui tout soudain volerent dans les nuës:
Et alors les Pasteurs en l'escorce des bois
Grauerent leur chanson, afin que tous les mois
Aux flustes des bergers elle fust accordée,
Et parmy les forests dans les arbres gardée.

## Margot.

Soleil source de feu, haute merueille ronde,
Soleil, l'ame, l'esprit, l'œil, la beauté du monde,
Tu as beau t'esueiller de bon matin & choir
Bien tard dedans la mer, tu ne sçaurois rien voir
Plus grand que nostre France: & toy Lune qui erres
Maintenant desur nous, maintenant sous les terres,
En errant haut & bas tu ne vois rien si grand
Que nos Rois dont le sang de Iupiter descend.

Il ne faut point vanter ceste vieille Arcadie,
Ses rochers, ses forests, encore qu'elle die
Que ses Pasteurs sont naiz auant que le Croissant

Fust au Ciel comme il eſt, de nuict apparoiſſant,
La France la ſurpaſſe en Antres plus ſauuages,
En taillis en foreſts en ſources en riuages,
En Nymphes & en Dieux, qui benins ſont contents
De ſe monſtrer à nous & nous voir en tout temps.

O bien-heureuſe France abondante & fertile!
Si l'encens ſi le baſme en tes champs ne diſtile,
Si l'Amome Aſien en tes vergers ne croiſt,
Si l'ambre ſur les bords de ta mer n'apparoiſt:
Auſſi le chaud extrême & la poignante glace
Ne corrompt point ton air & l'orgueilleuſe race
Des Tygres, des Lions armeZ d'ongles tranchans
Comme ils ſont autre part, ne gaſte point tes champs:
Ny le venin baueux des fils de la Gorgonne
Tes iardins ny tes preZ ny tes fleurs n'empoiſonne,
Ny l'Aconit enfant de l'infernal Portier
Qui croiſt ſur les rochers, n'infecte ton quartier.

Que dirons-nous d'Auuergne, en montaignes qui
          hauſſe
Son front iuſques au Ciel, de Champagne & de Beauſſe?
L'vne riche en troupeaux, les deux autres en blé
Au vœu des laboureurs d'vſure redoublé?

Que dirés-nous d'Anjou, & des champs de Touraine?
De Languedoc, Prouence, où l'Abondance pleine
De ſillon en ſillon fertille ſe conduit
Portant ſa riche Corne enceinte de beau fruict?

Que dirons-nous encor de cent mille riuieres
Qui lechent les rempars de tant de villes fieres,
Dont le front nous fait peur en allant au marché,
Tant il eſt dans le Ciel ſuperbement caché?

C'eſt elle bonne mere en ſemence feconde,
Dont le germe a produit les miracles du monde,

                                    B iij

Ces braues Cheualiers aux armes prompts & chauds,
Ces Tristans, ces Ogers, ces Rollands, ces Renaulds,
Et ce grand Charlemagne, & Martel qui deuore
Le: ans par son renom: & toy Charles encore
Qui crois pour deuenir la splendeur de nos Rois,
Afin que toute Europe aille dessous tes lois.

C'est la mere fertile abondante en la race
D'hommes masles esprits, qui desdaignant la masse
De la terre brutale, ont poussé iusqu'aux cieux
Non seulement le cœur, mais le soin & les yeux
Aux Astres attachez par la Philosophie,
Et du grand Iupiter ont gousté l'Ambrosie:
Vn Turnebe, vn Budé, vn Vatable, vn Tusan,
Et toy diuin Dorat, des Muses artizan,
Qui premier amoureux de leur belle Neufuaine,
Par les outils des Grecs destoupas leur fontaine
D'Helicon, & premier aux François as tourné
Permesse en l'eau de Seine au bord non couronné
De Lauriers côme Eurote, ains d'hômes, dôt l'enclume
A forgé tant d'escrits par l'outil de la plume.

Adioustez à son los tant de palais dorez,
Tant de marbres polis à force elabourez,
Entrailles des rochers, qui sont par artifices
Maintenant l'ornement des royaux edifices.
Ioignez à sa richesse, & l'vne & l'autre mer
Qui viennent aux deux coins de la France escumer,
Et grosses de vaisseaux apportent en trafique
De bien loin à nos bords la nouuelle Amerique.

Adioustez d'autre part tât d'ars qui sont meilleurs,
Engraueurs & fondeurs, imagers & tailleurs:
Adioustez la Musique, adioustez la peinture,
Voire tous les presens que la riche Nature

Et le Ciel plus benin ont versé de leurs mains
Pour embellir la terre & les pauures humains.
　Quelle Muse pourroit egaler tes merites?
C'est toy qui as nourry deux belles Marguerites,
Qui passent d'Orient les perles en valeur :
L'vne vit dans le Ciel exempte du malheur
Que ce siecle a roüillé de sectes & de noises,
Ayant regi long temps les terres Nauarroises.
L'autre prudente & sage & seconde Pallas
Fidele à son grand Duc, embellist de ses pas
Les hauts monts de Sauoye, & comme vne Déesse
Marche par le Piedmont au milieu d'vne presse
Qui court à grande foule, à fin de faire honneur
A ce sang de Vallois qui cause leur bon-heur.
　Que dirons-nous encor de la maison de France?
Si vn pauure Pasteur se lamente en souffrance,
S'il a perdu ses Bœufs, s'il est mangé des Ours,
Ceste noble maison est seule son secours,
Luy chasse loin de luy sa honte miserable,
Luy redonne ses bœufs, ses champs, & son estable,
Ou le fait d'estranger dom estique Pasteur,
Luy oste de l'esprit la sombre pesanteur,
Le rend riche & gaillard & luy apprend à dire
Par les hautes forests les chansons de Tityre.
　Là fleurist la vertu l'honneur & la bonté,
La douceur y est iointe auec la grauité,
Le desir de loüange & la peur d'infamie,
Et tout ce qui depend de toute preud'hommie.
　Là les peres vieillards en barbe & cheueux gris
Conduisent leurs enfans pour y estre nourris,
Et pour mettre vne bride à leur ieunesse folle:
Car de toute vertu la Cour est vne escolle.

Ie te saluë heureuse & feconde maifon
Qui fleuris en tout temps fans perdre ta faifon,
Mere de tant de Rois, mere de tant de villes,
D'hommes, hauures & ports, & prouinces fertilles.

Le bon-heur te conduife, & iamais le difcord
Ne pouffe tes Bergers au peril de la mort:
Mais vnis d'amitié puiffent defur leur tefte
Des ennemis veincus r'apporter la conquefte,
Et puiffent en tous lieux fe monftrer feruiteurs
De leur Prince Carlin le maiftre des Pafteurs:
Afin que pour iamais noftre France refemble
Aux troupeaux bien vnis qui fe ferrent enfemble.
Toufiours ta terre foit abondante en froment:
La Nielle que l'air en efté va formant,
Ne ronge tes efpics & iamais la gelée
N'enuoye à tes brebis ny tac ny clauelée:
La famine & la pefte aille bien loin de toy,
Es bien-heureufe vy deffous vn fi bon Roy.

## Le premier Pafteur voyageur.

L'ardeur qui la ieuneffe efchaufe de loüange,
M'a fait errer long temps en mainte terre eftrange,
Pour voir fi le merite egaloit le renom
Des Rois, dont i'ay cognu les faces & le nom.
I'ay pratiqué leurs mœurs, leurs grädeurs, leurs alteffes,
Leurs troupeaux infinis, leurs fuperbes richeffes,
Leurs peuples, leurs citez, & les diuerfes lois
Dont fe font obeyr les Princes & les Rois.
Ie vy premierement le grand Pafteur d'Efpagne,
Affife à fon cofté i'apperçeu fa compagne,
Qui prend fa noble race & fon eftre ancien

Des Vallois descendus du noble sang Troyen,
Fille de Henriot, sœur de Carlin, & fille
De Catin, le soûrion de si noble famille.

Ie vy ce demy-Dieu en Espagne adoré,
Ie le vy d'Orient tellement honoré,
Que pour riche present son Inde luy enuoye
Cent vaisseaux tous les ans chargez de ieune proye,
Ie le vy craint, aimé, reueré, redouté,
Plein d'vne ame gaillarde & d'vn cœur indonté,
Roy de tant de troupeaux que ie n'en sçay le conte:
Car vn nombre si grand ma memoire surmonte.

Mais le plus grand plaisir dont ie repeu mon cœur,
Ce fut quand ie cognu que ce Prince veinqueur
Des honnies & de soy, aimoit tant nostre France,
Qu'il soûstenoit Carlin appuy de son enfance,
Et qu'en lieu de surprendre ou de rauir ses biens,
Bon frere luy gardoit ses suiects anciens,
Luy prestoit ses guerriers, le couuoit sous son aile,
Tant vaut vne amitié quand elle est fraternelle.

Iamais pour ce bien-fait ne puisses-tu grand Roy
Sentir se rebeller tes peuples contre toy,
Et iamais en ton lict ne puisse arriuer noise,
Puisque tu es si bon à la terre Françoise!

Passant d'autre costé i'allay voir les Anglois,
Region opposée au riuage Gaulois:
Ie vy leur grande mer en vagues fluctueuse,
Ie vy leur belle Royne honneste & vertueuse:
Au tour de son Palais ie vy ces grands Milords
Accorts beaux & courtois magnanimes & forts
Ie les vy tous aimer la France leur voisine:
Ie les vy reuerer Carlin & Katherine,
Ayant iuré la paix, & ietté bien-auant

B V

La querelle ancienne aux vagues & au vent,
Ie vy des Escossois la Royne sage & belle,
Qui de corps & d'esprit resemble vne immortelle:
I'approchay de ses yeux, mais bien de deux Soleils,
Deux Soleils de beauté qui n'ont point leurs pareils
Ie les vy larmoyer d'vne claire rosée,
Ie vy d'vn beau crystal sa paupiere arrosée
Se souuenant de France, & du Sceptre laissé,
Et de son premier feu comme vn songe passé.
     Qui voirroit en la mer ces deux Roynes fameuses,
En beauté, trauerser les vagues escumeuses,
Certes on les diroit à bien les regarder,
Deux Venus qui voudroient en Cythere aborder.
     Face bien tost le Ciel que leur ieunesse esclose,
Comme vne belle fleur, ne resemble à la rose
Qui fanist sur l'espine, & languissante pend
Sa teste, & son parfum pour neant se respand,
Perdant odeur, & teint, & grace printaniere,
Pour n'estre point cueillie en sa saison premiere.
Quand vne tendre vigne est pendante aux ormeaux,
En force & en vigueur elle estend ses rameaux,
Fait ombrage aux Pasteurs: mais si rien ne la serre,
Sans force & sans vigueur elle languist à terre,
Rampe desur la place, & d'vn bras flestrissant
En soy-mesme languist, le mespris du passant.
     Soient donques à deux Rois leurs ieunesses liées
D'vn amour eternel afin que mariées,
Roynes sans perdre temps enfantent d'autres Rois,
Puis que leurs Maiestez aiment tant les François.

## Le second Pasteur voyageur.

La mesme ardeur de gloire, & la boüillante enuie
De voir les estrangers, m'a fait voir l'Italie,
Terre grasse & fertile, où Saturne habitoit
Quand le peuple innocent de glan se contentoit.
    I'ay veu le grand Pasteur de tant d'ames Chre-
        stiennes.
I'ay veu dedans vn lac les barbes anciennes
De ces peres Bergers qui gouuernent sous eux
Par prudence & vertu vn peuple si heureux.
    I'ay veu le grand Berger de la belle Florence,
Florence qui se dit de Catin la naissance:
I'ay veu le fleuue d'Arne & le Mince cornu,
Qui est par le berceau de Tityre cognu,
C'est le Duc de Mantouan ennemy de tout vice
Aux peuples ses suicts administre Iustice.
De là m'en retournant, contremont i'allay voir
Le beau Palais d'Vrbin, escolle de sçauoir.
    Ie vy des Ferrarois le Pasteur & le maistre,
Qui se vante d'auoir de Roger pris son estre:
Ie vy sa forte ville & le Pau menaçant,
Qui va comme vn Toreau par les champs mugissant:
Grands Pasteurs, grands Bergers, qui ont la foy iurée
Au grand Prince Carlin d'eternelle durée,
Qui aiment sa grandeur, & qui d'vn cœur loyal
Redressent sa Couronne & son Sceptre Royal.
    De là m'en retournant ie pris ma droite voye
Par les champs de Piedmont, par les monts de Sauoye,
Où ie vy ce grand Duc qui n'a point de pareil
Sous la voute du Ciel en armes ny conseil.

Animé d'vne force & prompte & vigoreuse,
Ayant pris des Saxons sa race genereuse,
Et du Ciel son esprit, qui magnanime & chaut
A tousiours pour suiet vn penser grand & haut.

  A son dextre costé ie vy sa femme assise,
Fleur & perle d'honneur que nostre siecle prise,
La tante de Carlin que la Grace a nourry,
sa fille de François, & la sœur de Henry,
La mere des vertus qui iustement merite
D'estre ensemble vne perle & vne Marguerite.

  Bien loin de sa maison soit malheur & meschef:
Le doux miel sous ses pieds, la manne sur son chef
Puisse tousiours couler, & les lis & les roses
Au plus froid de l'hyuer soient pour elle décloses
Aux buissons de Piedmont: & en lieu d'vn Torrent
Le laict par la Sauoye aille tousiours courant,
Murmurant son renom, puis que tant elle estime
Les chansons des Pasteurs, leurs flutes & leur rime.


## L'autre Berger voyageur.


  Que faites-vous ici, Bergers qui surmontez
Les Rossignols d'Auril quãd d'accord vous chãtez?
Que faites-vous icy? vous perdez ce me semble
La parole & le temps à rioter ensemble:
Ensemble partissez le prix victorieux,
Estans egalement les chers mignons des Dieux.
Apollon & Pallas & Pan vous fauorisent,
Et tous vos bons patrons vous honorent & prisent:
Doncques abandonnez vos friuoles discords,
Et venez escouter les merueilleux accords
De deux peres Bergers, qui dessous vne roche.

Vont dire vne chanson dont Tytire n'apprçche.

  Tous les Bergers des chãps y courent d'vn grãd pas:
Tous les cheuriers des monts en descendent à bas,
Et les plus durs rochers abaissent les oreilles
Sur l'Antre pour ouyr de si douces merueilles.
Maintenant en cherchant mon Bellier escarté,
I'ay veu les deux Bergers en l'Antre deserté,
Qui ont desia la flûte à la léure pour dire
Ie ne sçay quoy de grand qu'Apollon leur inspire.
  Venez doncq' les ouyr sans disputer en vain,
Ostez de vos flageols & la bouche & la main:
Vous estes tous vnis d'amitié mutuelle,
Puis la paix entre vous vaut mieux que la querelle.


## Le Chœur des Bergers.

'Ay songé sur la mi-nuit
   Ceste nuit,
Quand le doux sommeil nous lie
Que mille Cygnes chantoient,
   Qui sortoient
Du costé de l'Italie.
I'en ay veu d'autres apres
   Plus espais
Venir de la part d'Espagne,
Et d'autres forts & puissans
   Blanchissans
Du costé de l'Allemagne:
Puis en voiant tout en rond
   Sur le front
De Carlin luy faire feste,
Et doucement le flatant,

En chantant
Luy prediƶe vne conqueſte.
I'ay veu preſque en meſme temps
Le Printemps
Florir deux fois en l'année:
Dieu ces ſonges nous permet,
Qui promet
Quelque bonne deſtinée.

### Le ſecond ioueur de Lyre.

VN iour au meſme lieu où nous ſommes icy,
Deux Bergeres ayans de leur race ſouci,
Bergeres de renom, de famille excellente,
L'vne mere du Roy l'autre du Roy la tante,
L'vne venant de France & l'autre de Piemont,
Se trouuans de cet Antre où ces deux Paſteurs ſont,
Apres auoir long temps diſcouru de grans choſes,
Qui aux entendements de tous hommes ſont cloſes,
Appellerent Carlin leur petit nourriçon,
Et luy firent par ordre vne belle leçon.
Or d'autant que leurs mots contenoient la doctrine
Qu'il faut qu'vn ieune Roy retienne en ſa poitrine,
Portant dedans le cœur leur precepte imprimé,
S'il veut eſtre des ſiens bien craint & bien aymé:
Les Paſteurs d'ici pres, pour ne perdre la gloire
De tels enſeignemens ſi dignes de memoire,
Par vn vœu ſolennel aux Dieux ont ordonné
Qu'en ce mois tous les ans à iour determiné
Couurant l'Antre de fleurs & les prez de carolles,
Deux Paſteurs rediroient mot à mot les parolles
Qu'autrefois à Carlin ces Bergeres ont dit,

Et que la viue Echo par ces bois respandit:
Afin que des Pasteurs la ieunesse nouuelle
Apprenne tous les ans vne leçon si belle.

Or ils vont commencer, s'il vous plaist les oüir,
D'enseignemens si beaux vous pourreZ resioüir,
Et vous couchant au soir pres du feu les redire
A vos ieunes enfans à fin de les instruire:
» Car ny large moisson, ny troupeaux engraisseZ
» Ny bleds dans les greniers l'vn sur l'autre amasseZ
» Ne vallent le sçauoir de l'esprit l'heritage:
» Par la seule leçon le Pasteur deuient sage.

### Le premier Pasteur.

Puis-que tu es, mon fils, de tant de Pasteurs mai-
    stre,
Que Dieu dans ton herbage a mis tant de troupeaux,
Il ne fault seulement sçauoir les mener paistre,
Sçauoir les engraisser, sçauoir tondre leurs peaux.

### Le second Pasteur.

Ce n'est rien de guider mille bœufs en pasture,
Il faut les conseruer & en auoir souci,
Il faut de ton bestail cognoistre la nature,
Corriger tes Bergers, te corriger aussi.

I.

Quand les petits Bergers font aux champs vne
    faute,
» Petite elle ne tire vn repentir apres:
» Mais des maistres pasteurs elle deuient si haute,
» Qu'elle passe en grandeur les plus hautes forests.

**II.**

Et pource, mon Nepueu, il faut dés ta ieuneße
Apprendre la vertu, pour guide la ſuiuant:
» C'eſt vn ferme treſor qui les hommes ne laiße,
» Les autres biens mondains s'en-volent comme vent:

**I.**                   (choſe:

Pour viure bien-heureux, crain Dieu ſur touſe
Seul il faut l'adorer & au cœur l'imprimer,
Et le prier au ſoir quand le Soleil repoſe,
Et dés l'Aubé du iour quant il ſort de la mer.

**II**

» Le ſeul commencement & la fin de ſcience,
» Eſt craindre le Seigneur, & maintenir la foy
Des peuples eſpandus ſous ton obeiſſance,
Qui ſont enfans de Dieu auſſi bien comme toy.

**I.**

Sois paré de vertu, non de pompe Royale :
» La ſeule vertu peut les grans Roys decorer:
» Sois Prince liberal: toute ame liberale
» Attire à ſoy le Peuple, & ſe fait honorer.

**II.**

Porte deſur le front la honte de mal-faire,
Aux yeux la grauité, & la clemence au cœur,
La Iuſtice en la main, & de ton aduerſaire,
Fuſt-il moindre que toy, ne ſois iamais moqueur.

**I.**

Rens le droit à chacun, c'eſt la vertu premiere
Qu'vn Roy doit obſeruer: ſois courageux & fort:
» La force du courage eſt la viue lumiere
» Qui nous fait meſpriſer nous-meſmes & la mort.

**II.**

Ne ſois point arrogant, vanteur ne temeraire,

Iureur, opiniaſtre, & ſuperbe à la main,
,, Mutin, chagrain, deſpit : le Prince debonnaire
·,, Doit eſtre gracieux amiable & humain.

### I.

Meſpriſe la richeſſe, & toutesfois deſire
Comme Roy valeureux d'augmenter ton bon-heur,
Et par armes vn iour agrandis ton Empire
Moins pour auoir du bien que pour auoir honneur.

### I I.

Sois ferme en ta parole, & de vaine promeſſe .
N'abuſé tes ſubiets, & aux trompeurs ne croy :
Celuy qui par le nez comme vn Bufle ſe laiſſe
Mener par les flateurs, n'eſt digne d'eſtre Roy.

### I.

Sois taraif à courroux, & point ne te conſeille
Par ieunes eſuentez qui rauiſſent le tien :
Mais honore les vieux & leur preſte l'oreille,
Et ſeul de ton ceruean n'entreprens iamais rien.

### II.

Sois conſtant & hardi aux fortunes preſſées,
Magnanime au peril, prompt d'eſprit & de main :
Et iugeant l'auenir par les choſes paſſées,
Iouys du temps preſent, n'attens le lendemain.

### I.

Chaſſe l'Oiſiueté la mere de tout vice,
Et grand ſeigneur appren les meſtiers d'vn ſoldart :
Sauter, luter, courir, eſt honneſte exercice,
Bien manier cheuaux & bien lancer le dart.

### I I.

Exerce ton eſprit aux choſes d'importance,
Aux affaires qui ſont de ton priué Conſeil,
,, L'eſprit en eſt plus ſain : l'oyſeuſe negligence

» Sille les yeux des Rois d'vn vicieux sommeil.

### I.

Tu dois cognoistre ceux qui te font du seruice,
Les aymer les cherir pour leur fidelité:
Et à fin qu'apres toy honorer on les puisse,
Hausse-les aux henneurs comme ils ont merité.

### II.

Par flateurs, par menteurs & par femmes ne donne
Ny presens ny estats, malheur s'en est suiui:
Que la seule vertu seulement on guerdonne:
Si tu le fais ainsi, tu seras bien serui.

### I.

Ne renuerse iamais l'ancienne police
Du pays où les loix ont fleuri si long temps:
Ce n'est que nouueauté qui couue vne malice:
Si vn s'en resiouist, mille en sont mal-contens.

### II.

Iamais, si tu m'en crois, ne souffre par la teste
De ton peuple ordonner tes statuts ny tes lois:
» Le peuple variable est vne estrange beste,
» Qui de son naturel est ennemi des Rois.

### I.

N'offense le commun pour ayder à toy-mesme,
Des grans & des petits sois toufiours le support:
» La propre conscience est vne genne extrême,
» Quand nous auos peché, qui toufiours nous remord.

### II.

Et bref, mon cher Nepueu, pour regner prens exemple
Aux Rois tes deuanciers, Princes cheualeureux:
Si leur faits pour patron ta ieunesse contemple,
Tu seras non pas Roy, mais vn Dieu bien-heureux.

## Le chœur des Bergeres.

Tout ainſi qu'vne prairie
Eſt portraite de cent fleurs,
Ceſte neuue Bergerie
Eſt peinte de cent couleurs.

Le Poëte icy ne garde
L'art de l'Eclogue parfait:
Auſſi la Muſe regarde
A traiter vn autre fait.

Pource Enuie ſi tu pinces
Son nom de brocars legers,
Tu faux : car ce ſont grands Princes
Qui parlent, & non Bergers.

Il meſpriſe le vulgaire,
Et ne veut point d'autre loy
Pour ceſte fois, ſinon plaire
Aux grands Princes & au Roy.

# ECLOGVE II.

## LES PASTEVRS
### Aluyot & Fresnet.

Aissez douces brebis , paissez ceste herbe
tendre,
Ne pardonnez aux fleurs: vous n'en sçau-
riez tant prendre
Par l'espace d'vn iour, que la nuict ensuyuant
Humide n'en produisse autant qu'au-parauant.

De là vous deuiendrez plus grasses, & plus belles,
L'abondance de laict enfle ra vos mammelles,
Et suffirez assez pour nourrir vos aigneaux:
Et pour faire en tout temps des fromages nouueaux,
Et toy mon chien Harpaut, seure & fidelle garde
De mon troupeau camus, leue l'œil & prengarde
Que ie ne sois pillé par les loups d'alentour,
Ce-pendant qu'en ce bois ie me plaindray d'Amour.
Or-sus mon Aluyot, allon ie te supplie
Soulager en chantant le soin qui nous ennuye,
Allon chercher le frais de cet Antre moussu,
Creusé dedans le flanc de cë tertre bossu:
Et là nous souuenans de nos cheres amies:
Qui sont de nos langueurs doucement ennemies,
Tous deux en deuisant par ordre nous dirons
Nos plaintes aux rochers qui sont aux enuirons,
Afin que quelque vent rapporte à leurs oreilles

Les soucis que nous font leurs beautez nompareilles.

Nous sommes arriuez dedans l'Antre sacré:
Ie m'en vay le premier ( ainsi te vient à gré)
Te chanter ma complainte: ayant ouy la mienne,
Secondant ma douleur tu me diras la tienne.

### Fresnet.

Ma belle Marion, dont le cher souuenir
Me fait comme Niobe en rocher deuenir,
Pour l'absence de toy ie hay ma propre vie,
Qui desdaignant mon cœur maugré moy t'a suiuie,
Pour loger en tes yeux qui ores de si loin
Me remplissent le cœur de tristesse & de soin.

Rien ne m'est agreable apres si longue absence,
I'espere sans espoir: la peur & l'esperance
Combatent ma raison, mais l'amoureuse peur
Assaut ma patience & veinc tousiours mon cœur.

Rien ne me resiouist: soit que la ieune Aurore
De roses & d'œillets l'Orient recolore,
Soit que le Soleil pousse en la mer ses cheuaux,
Il voit mes yeux en pleurs & mon cœur en trauaux,

Quand le soir est venu ie conte ma fortune
Maintenant aux forests maintenant à la Lune:
I'erre de bois en bois, car en lieu de dormir
Impatient d'amour ie ne fais que gemir:
Si ie dors de fortune, & si celuy qu'on nomme
Le frere de la mort, me deçoit par le somme,
Cent fantosmes diuers s'apparoissent à moy,
Qui me font en dormant trembler le cœur d'effroy:
Ie rauasse en esprit, ie bâille, ie m'allonge
Tantost ton beau portrait qui me reuient en songe,
Me suit, me suit, me tient, & en le poursuiuant
En lieu de l'embrasser ie ne pren que du vent.

C'eſt grand cas que d'aimer! vne amoureuſe playe
Ne ſe guariſt iamais pour choſe qu'on eſſaye:
Plus on la veut guarir, & plus le ſouuenir
La fait touſiours plus viue en nos cœurs reuenir.

　I'ay beau me promener au trauers d'vn bocage,
I'ay beau paiſtre mes bœufs le long d'vn beau riuage,
I'ay beau voir le Printemps ames des arbriſſeaux,
Ouyr les Roſſignols, gaZouiller les ruiſſeaux,
Et voir entre les fleurs par les herbes menuës
Sauter les aignelets ſous leurs meres cornuës,
Voir les boucs ſe choquer, & tout le long du iour
Voir les beliers ialoux ſe battre pour l'amour.

　Ce plaiſir toutefois non-plus ne me contente
Que ſi du froid Hyuer la ſiſflante tourmente
Auoit terni les champs, & en mille façons
Rué deſſus les fleurs la neige & les glaçons,
Et que le ſainct troupeau de cent Nymphes cõpaignes
Ne vinſſent plus de nuict danſer en nos montaignes.

　Bien que mon parc foiſonne en vaches & toreaux,
Et que ſous ma faueur viuent cent paſtoureaux
Qui ſçauent tous iouer des douces Cornemuſes,
Les mignons d'Apollon, de Mercure & des Muſes:
Bien que mõ doux Flageol ſur tous le mieux appris
Quand il me plaiſt chanter, ſeul emporte le prix:
Bien qu'en nulle ſaiſon le doux laict ne me faille:
L'vne part deuient creſme & l'autre part ſe caille,
L'autre deuient fromage, vn mol, l'autre ſeiché,
Le mol eſt pour manger, le ſec pour le marché:

　Et bẽ que mes brebis ne ſoyent iamais brehaignes,
Bien que mille troupeaux beſlent par mes cãpaignes,
Ie voudrois n'auoir rien, Marion, ſinon toy
Que ie voudrois pour femme en mõ Antre-chez moy,

Et parmi les forests loin d'honneur & d'enuie,
Vser en tè baisant le reste de ma vie.

L'orage est dangereux aux herbes & aux fleurs,
La froideur de l'Autône aux raisins qui sont meurs,
Les vêts aux bleds de May : mais l'absence amoureuse
A l'amant qui espere est tousiours dangereuse.

I'ay pour maison vn Antre en vn rocher ouuert,
De Lambrunche sauuage & d'Hierre couuert,
Qui deçà qui delà leurs grains branches espandent,
Et droit sur le milieu de la porte les pendent.
Vn Meslier noüailleux ombrage le portail,
Où sans crainte du chaud remasche mon bestail:
Du pié naist vn ruisseau dont le bruit delectable
S'enroüe entre-cassé de cailloux & du Sable,
Puis au trauers d'vn pré serpentant de maint tour,
Arrouse doucement le lieu de mon seiour.
De là tu pourras voir Paris la grande ville,
Où de mes pastoureaux la brigade gentille
Porte vendre au marché ce dont ie n'ay besoing,
Et tousiours argent frais leur sonne dans le poing.

Là s'il te plaist venir tu seras la maistresse,
Tu me seras mon tout ma Nymphe & ma Déesse:
Nous viurons & mourrôs ensemble, & tous les iours
Vieillissans nous verrons raieunir nos amours:
Tous deux nous estendrons dessous vn mesme ombrage,
Tous deux nous menerons nos bœufs en pasturage
Dés la poincte du iour, les remenant au soir
Quand le Soleil tombant en l'eau se laisse choir:
Tous deux les menerons quand le Soleil se couche,
Et quand de bon matin il sort hors de sa couche:
A toute heure en tous lieux ensemble nous irons,
Et dessous mesme loge ensemble dormirons.

Puis au plus chaud du iour eſtãs couchez à l'ombre,
Apres auoir conté de nos troupeaux le nombre,
Pour chaſſer le ſommeil ie diray des chanſons
Que pour toy ie compoſe en diuerſes façons.
　　Alors toy doucement ſur mes genoux aſſiſe,
Maintenant tu ferois d'vne douce feintiſe
Semblant de ſommeiller, maintenant tu ferois
Semblant de t'eſueiller, puis tu me baiſerois,
Et preſſerois mon col de tes bras en la ſorte
Qu'vn orme eſt enlacé d'vne vigne bien forte:
Maintenant tu romprois mon chant de ton baiſer,
Maintenant tu voudrois ton ardeur, appaiſer
En m'oſtant le flageol hors de la léure mienne,
Pour y mettre en ſon lieu le coural de la tienne:
Puis me rebaiſerois, & me voulant flater
Tu voudrois quelquefois auecque moy chanter:
Quelquefois toute ſeule & comme languiſſante
Ie tě verrois mourir en mes bras palliſſante,
Puis te reſſuſciter, puis me faire mourir,
Puis d'vn petit ſou-ris me venir ſecourir,
Puis en mille façons de tes léures vermeilles
Me re-ſucer les yeux, la bouche, & les oreilles,
Et coup ſur coup ietter des pommes ſur mon ſein,
Que i'aurois & d'œillets & de roſes tout plein,
Pour reietter au tien qui maintenant pommelle
Comme fait au Printemps vne pomme ñouuelle:
　　Sein où logeoit Amour, qui le trait me tira
Au cœur, qui autre nom depuis ne ſouſpira
Que le tien Marion: teſmoin en eſt ce Cheſne,
Où ces vers l'autre iour i'engrauay d'vne aleſne:
　　Les ondes refuiront contremont, les
　ruiſſeaux

Sans

Sâs fueilles au Printéps serôt les arbriſſeaux,
Ven°ſera sâs torche, & Amour ſans ſagette,
Quâd le Paſteur Freſnet oubli'ra Mariette.
Sus troupeau deſlogeon, i'ay d'eſcliſſe & d'oſier,
Acheuant ma chanſon, acheue mon panier.
Voici la nuict qui vient il me faut mener boire
Mon grand bouc eſcorné qui a la barbe noire.

   Or adieu Marion ma chanſon & le iour:
Le iour me laiſſe bien, mais non pas ton amour.

   Ainſi diſoit Freſnet : Aluyot au contraire
Pour l'amour de ſa Dame vne chanſon va faire.

### Aluyot.

   Ma Ianette mon cœur, dont ie n'oſe approcher,
Tant les yeux ſont ardans, plus polie à toucher
Que la plume d'vn Cygne, & plus freſche & plus
   belle
Que n'eſt au mois d'Auril vne roſe nouuelle:
Plus douce que le miel plus blanche que le lait,
Plus vermei'le en couleur que le teint d'vn œillet:
Voici (il m'en ſouuient) le mois & la iournée
(O douce ſouuenance heureuſe & fortunée!)
Où premier ie te vey peigner tes beaux cheueux,
Ainçois filets dorez, mes liens & mes nœuds.
Ie vy de ſa main propre Amour les mettre en ordre,
Et filet à filet en deux treſſes les tordre:
I'en coupay les plus blonds & les plus creſpelets:
Les tournaix en cordons i'en fy des braſſelets
Que ie porte à mes bras, ſigne que tu tiens priſe
En tes creſpes cheueux mon cœur & ma franchiſe:
Ie les garde bien cher, car en nulle ſaiſon
Ie ne veux eſchapper de ſi belle priſon.
Mainte fille en voyant ma face icune & tendre,

                              C

Où la barbe commence encores à s'estendre,
M'a choisi pour amy : hier mesme Margot
Qui fait sauter ses bœufs au son du harigot,
Tu la cognois, Ianette, enuoya Iaqueline
Vers moy, pour me donner de sa part vn beau Cygne,
Et me dist, Ceste là qui te donne ceci,
Auecque son present à toy se donne aussi :
Pren son present & elle, assez elle merite,
Ayant les yeux si beaux, d'estre ta fauorite.

Mais ie la refusay : car plustost que d'aimer
Autre que toy mon cœur, douce sera la mer,
Le doux miel coulera de l'escorce d'vn Fresne,
Et les Roses croistront sur les branches d'vn Chesne,
Les buissons porteront les œillets rougissans,
Et les haliers ronceux les beaux lis blanchissans.

D'autant que du Printemps la plaisante verdure,
Est plus douce aux troupeaux que la triste froidure,
D'autant qu'vn arbre anté rend vn iardin plus beau
Que le tige espineux d'vn rude sauuageau,
D'autant qu'vn Oliuier surpasse en la campagne
D'vn saule pallissant la perruque brehagne,
Et d'autant qu'au matin la belle Aube qui luit,
Surmonte de clarté les ombres de la nuict :
D'autant ma Ianeton, desur toute pucelle
Tu sembles à mes yeux plus gentille & plus belle :
Ces Houx m'en sont tesmoings, & ces Pins que tu vois
Surmonter en hauteur la cime de ces bois,
Où m'esbatant vn iour i'engrauay sur l'escorce
D'vn Chesne non ridé, cest Epigramme à force.
Quand Aluyot viura sans aimer Ianeton,
Le Bouc se vestira de la peau d'vn Mouton,
Et le Moutõ prédra la robbe d'vne Chéure,

Et aura côme vn Bouc barbe deſſo' la léure.

  I'ay l'amé toute eſmeuë & le cœur tout raui,
Quand ie penſe en ſe iour où premier ie te vy
Porter vn beau pánier (ainſi qu'vne bergere)
Allant cueillir des fleurs au iardin de ma mere:
Si toſt que ie te vy ſi toſt ie fu deçeu,
Ie me perdi moy-meſme, & depuis ie n'ay ſçeu
Soulager ma douleur: tant l'amoureuſe flame
Deſcendant iuſqu'au cœur m'auoit embraſé l'ame.
Tu auois tes cheueux ſans ordre deſliez,
Friſez creſpez retors primes & deliez
Comme filets de ſoye: & de houpes garnie
Te pendoit aux talons ta belle ſouquenie,

  Ta ſœur alloit apres, i'allois apres auſſi:
Et comme ie voulois te conter mon ſouci,
Las! ie m'eſuánouy, & l'amoureux martyre
Qui me preſſoit le cœur ne me laiſſa rien dire.

  A la fin reuenu de telle paſmaiſon,
Le boüillant appetit ſurmonta la raiſon,
Ie te contay mon mal: mais toy ſans eſtre attainte
De ma triſte douleur te moquas de ma plainte.

  Or comme tu cueillois vne fleur de ta main
Par feintiſe, vn bouquet te tomba de ton ſein
(Où mainte fleur eſtoit l'vne à l'autre arrengée)
Lié de tes cheueux & de ſoye orengée:
Ie l'amaſſe & l'attache au bord de mon chapeau,
Et bien qu'il ſoit fany, touſiours me ſemble beau,
Comme ayant la couleur de ma face bleſmie,
Qui maugré mon Printemps ſe fleſtriſt pour m'amie.

  Ainſi que ie pleurois pour mon mal appaiſer,
Tu ſautes à mon col me donnant vn baiſer:
Ha ie meurs quand i'y penſe! & de ta bouche pleine

De roses, me versas en l'ame ton haleine.
Ce doux baiser passa ( dont i'ay vescu depuis )
Soudain de nerfs en nerfs, de conduis en conduis,
De veine en veine apres de nouuelle en nouuelle.
M'allumant tout le sang d'vne chaleur nouuelle.
Si bien qu'en toutes pars, en toute place & lieux
I'ay tousiours ton baiser au deuant de mes yeux:
I'en sens tousiours l'haleine,& depuis ma Musette
N'a peu chanter sinon le baiser de Ianette.

　　Doux est du Rossignol la rustique chanson,
Et celle du Linot & celle du Pinçon:
Doux est d'vn clair ruisseau le sautelant murmure,
Bien doux est le sommeil sur la ieune verdure:
Mais plus douce est ma flute & les vers que de toy
Ie chante dessoux l'ombre assise aupres de moy.

　　I'oy tousiours dans mon Antre vne belle fonteine
De roses en mon lict, ma place est toute pleine
De toisons de brebis, que le vent fit broncher
L'autre iour contrebas du feste d'vn rocher.

　　De l'ardeur du Soleil autant ie me soucie,
Qu'vn amant enchanté des beautez de s'amie
Se soucie d'ouïr son pere le tanser:
Car Amour ne le fait qu'en sa Dame penser.
Autant qu'en peut songer en dormant de richesses,
Autant i'ay de troupeaux sur leurs toisons espesses
En hyuer ie m'endors sans me donner esmoy
Du froid : car la froideur ne vient pas iusqu'à moy.

　　Mais ce pendant qu'en vain ie chante ma Ianette
Vesper reluit au Ciel d'vne clarté brunette:
Le temps coule si tost que ie ne le sens point,
Le Soleil est couché: mais l'ardeur qui me poingt.
Ne se couche iamais, & iamais ne s'alente

(Donnant treue à mon cœur) tant elle est violente.
  Remede contre Amour ie ne sçaurois trouuer,
Voire eußé-ie aualle tous les torrens d'Hyuer,
Et beu tous les glaçons des montaignes risées,
Tant i'ay de sa chaleur les veines eschaufées.
Ie ne puis qu'en chantant ma douleur contenter:
Par la langue mon cœur peut son mal enchanter.
  La Cigale se plaist du chant de la Cigale,
Et Pasteur i'ayme bien la chanson pastorale:
L'aigneau sui l'herbe courte & le doux Chéurefueil
Est suiui de la Chéure, & le bois du Chéureil:
Chacun suit son desir, & i'aime ma Musette
Pour y chanter dessus les amours de Ianette.
  Or adieu Ianeton, le iour & ma chanson:
D'vn ruisseau murmurant si plaisant n'est le son,
Le sommeil n'est si doux ny les tendres fleurettes
Du Printemps ne sont point si douces aux Auettes,
Que les vers me sont doux, voire autant que tes yeux
Qui sont tousiours Amour de moy victorieux.

C iij

# ECLOGVE III.
## OV
# CHANT PASTORAL
### SVR LES NOPCES DE
Monseigneur Charles Duc de
Lorraine, & Madame Claude, fil-
le du Roy Henry 2.

### LES PASTEVRS.
Bellot, Perrot, & Michau.

V N Pasteur Angevin, & l'autre Van-
 domois,
Bien cogneus des rochers, des fleuues, &
 des bois,
Tous deux d'âge pareils, d'habits, & de houlette:
L'vn bon ioüeur de flute, & l'autre de musette,
L'vn gardeur de brebis, & l'autre de chéureaux,
S'escarterent vn iour d'entre les Pastoureaux.
 Tendis que leur bestail paissoit parmy la plaine
Tout aupres de Meudon, au riuage de Seine,
Laisserent leurs mastins pour abboyer les Loups,
Bien armez de colliers tous herissez de cloux:
Puis grimpans sur le dos d'vne colline droite
Au trauers d'vne vigne, en vne sente estroite,

Gaignerent pas à pas la Grotte de Meudon,
La Grotte que Charlot (Charlot de qui le nom
Est saint par les forests ) a fait creuser si belle
Pour estre des neuf Sœurs la demeure eternelle:
Sœurs qui en sa faueur ont mesprisé les eaux
D'Eurote, & de Permesse, & les tertres iumeaux
Du cheuelu Parnasse, où la fameuse source
Prist du Cheual volant & le nom & la course,
Pour venir habiter son bel Antre esmaillé
Vne loge voûtee en vn roc entaillé.

Si tost que ces Pasteurs du milieu de la rotte
Apperceurent le front de la diuine Grotte
S'enclinerent à terre, & craintifs honoroient
Dé bien loin le repaire où les Sœurs demeuroient.

Apres l'oraison faite, arriuent à l'entrée
(Nuds de teste & de pieds ) de la Grotte sacrée:
Car ils auoient tous deux & sabots & chapeaux:
Reuerans le sainct lieu pendus à des rameaux.

Eux deuots arriuez au deuant de la porte,
Saluerent Pallas qui la Gorgonne porte,
Et le petit Bacchus qui dans ses doigts marbrins
Tient vn pampre chargé de grappes de raisins:
Se lauent par trois fois de l'eau de la fonteine,
Se serrent par trois fois de trois plis de veruene,
Trois fois entournent l'Antre & d'vne basse vois
Appellent de Meudon les Nymphes par trois fois,
Les Faunes, les Syluains, & tous les Dieux sauuages
Des prochaines forests, des monts, & des bocages:
Puis prenans hardiesse ils entrerent dedans
Le saint horreur de l'Antre, & comme tous ardans
De trop de Deité, sentirent leur pensee
De nouuelle fureur brusquement insensée.

C iiij

Ils furent esbabis de voir le partiment
En vn lieu si desert d'vn si beau bastiment:
Le plan, le frontispice, & les piliers rustiques,
Qui effacent l'honneur des colonnes antiques:
De voir que l'artifice auoit portrait les murs
De diuers Coquillage en des rochers si durs:
De voir les cabinets, les chambres, & les salles,
Les terrasses, festons, guillochis, & ouales,
Et l'esmail bigarré, qui resemble aux couleurs
Des prez quand la saison les diapre de fleurs:
Ou comme l'Arc-en-ciel qui peint à sa venuë
De cent mille couleurs le dessus de la nuë.

Lors Bellot & Perrot (de tels noms s'appelloient
Les Pasteurs qui par l'Antre en reuerence alloient)
Ne se peurent garder de rompre le silence,
Et le premier des deux Bellot ainsi commence.

### Bellot.

Printemps, naissez, croissez, & de mille façons
Couurez les ieunes prez de fleureuses moissons,
Afin qu'en les cueillant & tirant ie façonne
Pour le front de Charlot vne belle couronne.

Pasteurs puis que Charlot nous daigne regarder,
Comme nous soulions faire il ne faut plus garder
Pour la crainte des loups nos brebis camusettes,
Qui sans crainte paistront au bruit de nos musettes:
Car eux & nos aigneaux ensemble coucheront,
Nos toreaux, leur viande à l'ombre mascheront
Deux fois en escoutant les chansons de Tityre:
Et nous autres bergers ne ferons plus que rire,
Que iouër, que fleuter, que chanter que dancer
Comme si l'âge d'or vouloit recommencer
A regner dessous luy comme il regnoit à l'heure,

Que Saturne faisoit en terre sa demeure.
Nous ferons de gazons son autel comme à PAN,
Nous chommerons sa feste, & au retour de l'an,
Tout ainsi qu'à Palés ou à Cerés la grande,
Trois vaisseaux pleins de laict verserós pour offrande,
Inuoqueron son nom: & boiuant à l'entour
De l'autel nous ferons vn banquet tout le iour,
Où Ianot Limosin pendra sa chalemie
A tous Bergers venans pour l'amour de s'amie:
Car c'est vn Demi-dieu à qui plaisent nos sons,
Qui fait cas des Pasteurs, qui aime leurs chansons,
Qui garde leurs brebis de chaud & de froidure,
Et en toutes saisons les fournist de pasture.

Quelque part que tu sois Charlot, pour ta vertu
En tes léures tousiours sauourer puisses-tu
Le doux succre & la manne, & manger tout ensemble
Le miel qui en douceur à tes propos resemble:
Et tousiours quelque part que tu voudrois aller
Puissent dessous tes pieds les fontaines couler
De vin & de Nectar, & loin de ton herbage
Le Ciel puisse ruër sa foudre & son orage:
Les cornes de tes bœufs se puissent iaunir d'or
D'or le poil de tes boucs, & la toison encor
De tes brebis soit d'or, & les peaux qui herissent
De tes chéures le dos, de fin or se iaunissent.
Pan le Dieu chéure-pied des pasteurs gouuerneur,
Augmente ta maison, tes biens, & ton honneur:
Tousiours puisse d'aigneaux peupler ta bergerie,
De ruisseaux argentins arroser ta prairie,
Et tousiours d'herbe espaisse emplir tes gras herbis,
De toreaux ton estable & ton parc de brebis,
Puis que tu es si bon, & que tu daignes prendre

C v

Quelque soin des Pasteurs & leurs slutes entendre.
A-tant se teut Bellot, & à peine auoit dit,
Qu'en pareille chanson Perrot luy respondit.

### Perrot.

Nymphes filles des eaux, des neuf Muses compagnes,
Qui habitez les bois, les monts, & les campagnes,
Permettez-moy chanter vostre Antre de Meudon,
Que des mains de Charlot vous receustes en dôn.
Comme Amphion tira les gros cartiers de pierre
Pour emmurer sa ville au son de sa guiterre:
Ainsi ce beau seiour Charlot vous a construit
De rochers qui suiuoient de sa voix le doux bruit.

    Ceux qui viendront Charlot, ou boire en ta fon-
    taine,
Ou s'endormir aux bords, se voirront l'ame plaine
De saincte Poësie, & leurs vers quelquefois
Pourront bien resiouyr les oreilles des Rois.

    Ici comme iadis en ces vieux tabernacles
De Delphe & de Delos, se rendront les oracles:
Et à ceux qui voudront à la Grotte venir,
Phebus les instruira des choses aduenir.

    Charlot ie te suppli' ne rougis point de honte
De nous simples Bergers faire vn petit de conte:
Apollon fut Berger, & le Troyen Paris:
Et le ieune amoureux de Venus Adonis,
Ainsi que toy portoit au flanc la panetiere,
Et par les bois sonna l'amour d'vne Bergère:
Mais nul des Pastoureaux en l'antique saison
Comme toy n'a basti des Muses la maison.

    Tousiours tout à l'entour la crespe mousse y naisse,
Le Thym, le Poliot, la Mariolaine espesse:
Le Lierre Bacchiq replié de maint tour

Puisse au hault de son front grimper tout à l'entour,
Et la lambrunche errante ensemble entortillée,
Laisse courir ses bras sur la Grotte esmaillée:
L'auette en lieu du ruche agence dans les troux
Des rustiques piliers sa cire & son miel roux,
Et le freslon armé qui les raisins moissonne,
De son bruit enroüé par l'Antre ne bourdonne:
Mais bien les Gresillons qui de leurs cris trenchans
Salu'ront les Pasteurs à leur retour des champs.
Mainte gentille Nymphe & mainte belle Fée,
L'vne aux cheueux pliez, & l'autre descoifée,
Auecque les Syluains y puisse toute nuit
Fouler l'herbe des pieds au son de l'eau qui bruit.
    Tousiours ceste maison puisse auoir arrosée
Le pied d'vne fontaine, & le chef de rosée:
Tousiours soit aux Pasteurs son taillis ombrageux,
Sans crainte de la foudre, ou du fer outrageux:
Et iamais au sommet quand la nuict est obscure,
Les Choüans annonceurs de mauuaise aduenture,
Ne s'y viennent percher, mais les Rossignolets
Voulans chanter plus haut que tous nos flageolets,
Y desgoisent tousiours par la verte ramée
Du bon Pasteur Charlot la belle renommée,
Afin que tous les vents l'emportent iusqu'aux Cieux,
Et du Ciel puisse aller aux oreilles des Dieux.
    Ainsi finist Perrot, & l'vn & l'autre ensemble,
(A qui tout le pied droit par bon augure tremble)
Sortent hors de la Grotte, & à fin de pouuoir
Mieux chanter à loisir, s'en-allerent assoir
L'vn dessus vn billot, l'autre sus vne souche:
Et lors de tels propos Bellot ouurit sa bouche.

## Bellot.

Perrot, tous les Pasteurs ne te font que loüer;
Te vantent le premier, soit que veilles ioüer
Du Cistre ou du Rebec, & la Musette tienne,
Tant ils sont abusez, comparent à la mienne:
Ie voulois dés long temps seul à seul te trouuer
Loin de nos compagnons à fin de t'esprouuer,
Pour maistre te monstrer qu'autant ie te surpasse
Qu'vne haute montaigne vne colline basse.

### Perrot.

Mon Bellot, il est vray que les Pasteurs d'ici
M'estiment bon Poëte, & ie le suis aussi:
Mais non tel qu'est Michau, ou Lancelot qui sonne
Si bien de la Musette aux riues de Garonne,
Et mon chant au prix d'eux est pareil au Pinçon,
Qui veut du Rossignol imiter la chanson.
Toutefois mon Bellot, ie ne te veux desdire:
Si tu es bon Thyrsis, ie seray bon Tityre.
Commence, ie n'ay point le courage failli:
L'assailleur bien souuent vaut moins que l'assailli.
Il faut pour le veinqueur que nous mettions vn gage:
Quant à moy, pour le prix ie depose vne cage
Que ie fis l'autre iour voyant paistre mes bœufs,
Deuisant à Thoinet qui s'egalle à nous deux:
Les barreaux sont de Til, & la perchette blanche
Qui trauerse la cage est d'vne Coudre franche:
De pelures de Ionc i'ay tissu tout le bas:
A l'vn des quatre coings la coque d'vn Limas
Pend d'vn crin de cheual, voire de telle sorte
Qu'en diroit à la voir qu'elle mesme se porte.
I'ay creusé d'vn Sureau l'auge bien propremcnt,
Et les quatre pilliers du petit bastiment

Sont d'vne groffe ronce en quatre parts fenduë:
Et le corden treffé duquel elle eft penduë,
Belin me l'a donné houpé tout à l'entour
Des couleurs qu'il gaigna de Catin l'autre iour.

  I'ay dedans prifonniere vne ieune Aloüette,
Qui defgoife fi bien, qu'hier ma Caffandrette
Que i'aime plus que moy, m'en offrit vn veau gras
Au front defia cornu, voire & fi ne l'eut pas:
Toutefois tu l'auras fi tu as la victoire:
Mais pluftoft que l'auoir, la nege fera noire.

                Bellot.

  Pour la cage & l'oifeau ie veux mettre vn panier
D'artifice enlacé de vergettes d'ozier,
Large & rond par le haut, qui toufiours diminuë
En tirant vers le bas d'vne poincte menuë:
L'anfe eft faite d'vn hous qu'à force i'ay courbé:
En voulant l'atenvir le doigt ie me coupé
Auecque ma ferpette: encores de la playe
Ie me deuis, quand du doigt mon flageollet i'effaye.
Tout ce gentil panier eft portrait par-deffus
De Mercure & d'Io, & des cent yeux d'Argus.
Io eft peinte en vache, & Argus en vacher:
Mercure fait le guet qui du haut d'vn rocher
Roulle le corps d'Argus, apres auoir coupée
Son col du fer courbé de fa trenchante efpée:
Vne Nymphe eft aupres en fimple corfet blanc,
Qui tremble de frayeur de voir iaillir le fang.
Il me fert à ferrer des fraizes & des rofes,
Il me fert à porter au marché toutes chofes:
Mon Oliue, mon cœur, defire de le voir,
Elle me veut donner fon maftin pour l'auoir,
Et fi ne l'aura pas: ie te le mets en gage,

                        C iij

I'en refuse trois fois la vente de ta cage.
Mais qui nous ingera? qui en prendra le soin?
Vois-tu ce bon vieillard qui vient à nous de loin?
A luy voir au menton la barbe venerable,
Le chef demi-couuert d'vn poil gris honorable,
La houlette en la main d'vn noüailleux cormier,
Le hauqueton d'vn Dain, c'est Michau le premier
Des Pasteurs en sçauoir, auquel font reuerence
Quand il vient en nos parcs, tous les Bergers de Frãce.

### Perrot.

Ie le cognois, Bellot, ie l'ay ouy chanter:
Autant comme tu fais, ie l'ose bien vanter:
Car il a bien souuent daigné prendre la peine
De loüer mes chansons à Charlot de Lorraine.

### Michau.

Que dites-vous, garçons des Muses le souci?
Ici le bois est verd, l'herbe fleurist ici,
Ici les petits monts les campagnes emmurent,
Icy de toutes parts les ruisselets murmurent:
Ne soyez point oisifs, Enfans, chantez tousiours,
Mais comme auparauant ne chantez plus d'amours,
Eleuez vos esprits aux choses bien plus belles,
Qui puissent apres vous demeurer immortelles.

N'auez vous entendu comme Pan le grand Dieu,
Le grand Dieu qui preside aux Pasteurs de ce lieu,
Par mariage assemble à sa fille Claudine
Le beau Pasteur Lorrain de telle fille digne?
C'est le ieune Charlot tige de sa maison,
Parent de ces Pasteurs qui portent la Toison,
Et cousin de Charlot le bon hoste des Muses,
Duquel tousiours le nom enfle vos cornemuses:
Et de ce grand Francin qui a coups de leuiers,

De fondes & de dars a chaßé les bouuiers
Qui venoient d'outre mer saccager nos riuages,
Et menoient maugré nous leurs bœufs en nos herbages.

Là ne se doit dreſſer vn vulgaire festin:
Depuis le soir bien tard iusqu'au premier matin
La feste durera , & les belles Naiades.
Les Faunes, les Syluains, Dryades, Oreades,
Les Satyres, les Pans tout le iour balleront,
Et de leurs pieds fourchus l'herbette fouleront.
De ce beau mariage entournez vos Muſettes,
Munſtre-vous auiourd'huy tels soneurs que vous eſtes,
Chantez ceſte alliance & cet accord sacré:
Les deux freres Lorrains vous en ſçauront bon gré.

Pan y tiendra sa Cour en maieſté Royale,
Aupres de luy sera son espouse loyale,
Et son fils deſia Roy, & sa diuine Sœur
Qui paſſe de son nom & la perle & la fleur.
Sus donc chante Bellot, & ta musette appreſte:
Dy le lict nuptial, Perrot dira la feſte:
Car il vaut mieux, Enfans, celebrer ce beau iour,
Qu'vſer vos chalumeaux à chanter de l'Amour.

### Bellot.

O Dieu qui prens le soin des nopces , Hymenée,
Laiſſe pendre à ton dos ta chape enſafranée,
Ton pied soit enlacé d'vn beau brodequin bleu,
Et portes en ta main vn clair flambeau de feu:
Eſternuë trois fois: ta teſte cheueluë
Esbranle par trois fois trois fois à ta venuë
Voy Claudine & Charlot, à fin que deſormais
Le mariage soit heureux pour tout iamais.

Ameine auecques toy la Cyprienne ſainte
D'vn demi-cinct tiſſu deſſus les hanches ceinte,

Et son enfant Amour tenant l'arc en ses mains,
Pour se cacher és yeux du Prince des Lorrains.
Ce n'est pas vn Berger qui vulgaire & champe-
    stre
Meine aux gages d'autruy vn maigre troupeau pai-
    stre:
Mais qui a cent troupeaux de vaches & de bœufs,
De boucs & de beliers paissant les prez herbeus
De Meuse & de Moselle, & la fertile plaine
De Bar qui se confine aux terres de Lorraine.
Il s'eleue en beauté sur tous les pastoureaux
Comme vn braue toreau sur les menus troupeaux:
Ou comme vn Pin gommeux au resonnant fueillage
Tient son chef pommelu par-dessus vn bocage.
Qui plus est son menton en sa ieune saison
Ne se fait que cresper d'vne blonde toison.
Bergers, faites ombrage aux fontaines sacrées,
Semez tous les chemins de fleurettes pourprées,
Despandez la Musette, & de bransles diuers
Chantez à ce Charlot des chansons & des vers.
Qu'il te tarde beaucoup que Vesper ne t'ameine
Desia la nuict pour mettre vne fin à ta peine!
Soleil haste ton cours, accourci ton seiour,
Charlot a plus besoin de la nuict que du iour.
L'amitié, la beauté, la grace & la ieunesse
Appresteront ton lict, & par grande largesse
Vne pluye d'œillets dessus y semeront,
Et d'ambre bien-sentant les draps parfumeront.
Mille Amours emplumez de leurs petites ailes
Voleteront dessus, comme és branches nouuelles
Des arbres au Printemps voletent les oiseaux,
Qui se vont esgayant de rameaux en rameaux.

La vigne a son ormeau si fort ne soit liée,
Qu'alentour de ton col ta ieune mariée
Qui d'vn baiser permis ta bouche embasmera,
Et d'vn autre plaisir ton cœur allumera.
C'est vne prime fleur encore toute tendre:
Espoux, garde toy bien brusquement de la prendre.
Il la faut laisser croistre, & ne faut simplement
Que tenter ceste nuict le plaisir seulement.
Côme tes ans croistront, les siens prendront croissance,
Lors d'elle à plein souhait tu auras iouyssance,
Et trouueras meilleur mille fois le plaisir:
,, Car l'attente d'vn bien augmente le desir.

    Or le soir est venu, entrez en vostre couche,
Dormez bras contre bras & bouche contre bouche,
La concorde à iamais habite en vostre lit:
Chagrin, dissension, ialousie & despit
Ne vous troublent iamais, ains d'vn tel mariage
Puissent naistre bien tost vn genereux lignage,
Meslé du sang Lorrain & du sang de Valois,
Qui Parthenope vn iour remette sous ses lois,
Et puissent couronner ses royales armées
Sur le bord du Iourdain de palmes Idumées.

    A-tant se teut Bellot, & Perrot tout gaillard
Enflant son chalumeau luy respond d'autre-part.

                PERROT.

    O Lucine Iunon, qui aux nopces presides,
Et de Paons accouplez, où il te plaist, tu guides
Ta coche comme vent sur terre & sur les Cieux,
Braue de Maiesté comme Royne des Dieux,
Amene Pasithée & la Muse diuine
Qui preside aux banquets, aux nopces de Claudine,
Comme vne belle rose & l'honneur du iardin,

Qui aux rais du Soleil est esclose au matin,
Claudine est tout l'honneur de toutes les Bergeres,
Et les passe d'autant qu'vn Chesne les fougeres:
Nulle ne l'a gaignée à sçauoir façonner
Vn chapelet de fleurs pour son chef couronner:
Nulle ne sçait mieux ioindre au lis la fraische rose,
Nulle mieux sur la Gaze vn dessein ne compose
De fil d'or & de soye, & nulle ne sçait mieux
Conduire de Pallas les arcs ingenieux.

Comme parmi ces bois volent deux tourterelles
Que ie voy tous les iours se caresser des ailes,
Se baiser l'vne l'autre & ne s'entre-eslongner,
Mais constantes de foy tousiours s'accompagner,
Qui de leur naturel iusqu'à la mort n'oublient
Les premieres Amours qui doucement les lient:
Ainsi puisses-tu viure en amoureux répous
Iusqu'à la mort Claudine, auecque ton espous.

Ie m'en vay sur le bord des riues plus secrettes
Cueillir en mon panier vn monceau de fleurettes,
Afin de les semer sur ton lict genial,
Et chanter à l'entour ce beau Chant nuptial.

D'vne si belle fille est heureuse la mere,
Ton pere est bien-heureux, bien-heureux est ton frere,
Mais plus heureux cent fois & cent encor sera,
Qui d'vn masle heritier enceinte te fera:
Heureux sera celuy qui aura toute pleine
Sa bouche de ton ris, & de ta douce haleine,
Et de tes doux baisers, qui passent en odeur
Des prez les mieux fleuris la plus souane fleur:
Heureux qui dans ses bras pressera toute nuë
Toy Claudine aux beaux yeux du sang des Dieux
        venuë

Qui hardi tastera tes tetins verdelets
Qui semblent deux bouttons encore nouuelets:
Et qui licentié d'vne liberté franche,
Rebaisera ton front, & ta belle main blanche,
Et qui desmeslera fil à fil tes cheueux
Follastrant toute nuict, & faisant mille ieux:
Celuy pri'ra la nuict que cent nuits dure encore
Ou bien que de cent iours ne s'esueille l'Aurore,
Afin que paresseux long temps puisse couuer
Ses amours en ton sein, & point ne se leuer.

Mais le soir est venu, & Vesper la fourriere
Des ombres a versé par le Ciel sa lumiere:
Il faut s'aller coucher. Quoy? tu fremis du cœur
Ainsi qu'vn petit Fan qui tremble tout de peur
Quand il a veu le loup, ou quand loing de sa mere
Il s'effroye du bruit d'vne fueille legere.
Il ne sera cruel: car vne cruauté
Ne sçauroit demeurer auec telle beauté.
Demain apres auoir son amitié cognuë,
Tu voudrois mille fois que la nuit fust venuë
Pour retourner encore aux amoureux combats,
Et pour te rendormir dans le pli de ses bras.

Sus des-habille toy, & comme vne pucelle
Qui de bien loin sa mere à son secours appelle,
N'appelle point la tienne, & vien pour te coucher
Pres du feu qui te doit tes larmes desecher.

Celuy puisse conter le nombre des arenes,
Les estoiles des Cieux, & les herbes des plaines,
Qui contera les jeux de vos combats si dous,
Desquels pour vne nuict vous ne serez pas saouls.

Or sus estatez-vous, & en toute liesse
Prenez les passe-temps de la courte ieunesse

Qui bien toſt s'enfuira,& au nombre des ans
Qui vous ſuiuent tous deux egalez voz enfans.
Ton ventre deſormais ſi fertile puiſſe eſtre,
Que d'vn ſang ſi diuin puiſſe en bref faire naiſtre
Des filles & des fils: des fils qui porteront
Les vertus de leur Pere empreintes ſur le front,
Et qui dés le berceau donneront cognoiſſance
Que d'vn Pere tresfort auront pris leur naiſſance:
Les filles en beautez en grace & en douceur
Par ſignes donneront vn teſmoignage ſeur
De la pudicité de leur mere diuine,
Qui de noſtre grand Pan reçoit ſon origine.
　Ainſi diſoit Perrot, qui retenant le ſon
De ſon pipeau d'auoine acheua ſa chanſon.
Echò luy reſpondoit : les bois qui rechanterent
Le beau chant nuptial iuſqu'au ciel le porterent.
　Lors Michau s'eſcriant s'aſſeit au milieu d'eux,
Puis dit en approuuant la chanſon de tous deux.

### Michau.

　Voſtre fleute, garçons, à l'oreille eſt plus douce
Que le bruit d'vn ruiſſeau qui iaze ſur la mouſſe,
Ou que la voix d'vn Cygne, ou d'vn Roſſignolet
Qui chante au mois d'Auril par le bois nouuelet.
De Manne à tout iamais vos deux bouches ſoient
　　pleines,
De roſes vos chapeaux, vos mains de mariolaines:
Iamais en vos maiſons ne vous defaille rien,
Puis que les chalumeaux vous entonnez ſi bien.
　Que chacun par accord s'entre-donne ſon gage:
Perrot, pren le panier, & toy Bellot la cage:
Retournez mes enfans conduire vos toreaux,
Et viuez bien-heureux entre les Paſtoreaux.

# MONOLOGVE
## OV
# CHANT PASTORAL,
### A TRES-ILLVSTRE ET
vertueuse Princesse Madame Marguerite de France, Duchesse de Sauoye.

*E ne faschois de la pompe des Rois,*
*Et pour la Cour i'errois entre les bois.*
*Seul à par-moy sauuage & solitaire,*
*Loin des Seigneurs, des Rois, & du*
    *vulgaire:*
*Plus me plaisoit vn Rocher bien poinctu,*
*Vn Antre creux de mousse reuestu,*
*Vn long destour d'vne seule valée,*
*Vn vif sourjon d'vne onde reculée,*
*Vn bel esmail qui bigarre les fleurs,*
*Voir vn beau pré tapissé de couleurs,*
*Ouyr iazer vn ruisseau qui murmure,*
*Et m'endormir sur la douce verdure,*
*Qu'estre à la Court, & mendier en vain*
*Vn faux espoir qui coule de la main.*

  *Au mois de May que l'Aube retournée*
*Auoit esclose vne belle iournée,*
*Et que les voix d'vn million d'oiseaux*
*Comme à l'ennuy du murmure des eaux,*

Qui haut qui bas contoient leurs amourettes
A la rousée, aux vents & aux fleurettes,
Lors que le Ciel au Printemps se sou-rit,
Quand toute plante en ieunesse fleurit,
Quand tout sent bon, & quand la mere Terre
Ses riches biens de son ventre desserre
Toute ioyeuse en son enfantement.

Errant tout seul tout solitairement
I'entre en vn pré, du pré en vn bocage,
Et du bocage, en vn desert sauuage,
Et l'ai'auise vn Pasteur qui portoit
Dessus le dos vn habit qui estoit
De la couleur des plumes d'vne Gruë:
Sa panetiere à son costé penduë
Estoit d'vn Loup, & l'effroyable peau
D'vn Ours pelu luy seruoit de chapeau.

Luy appuyant vn pied sur sa houlette,
De son bissac aucind vne Musette
La meit en bouche & ses lévres enfla,
Puis coup sur coup en haletant soufla,
Et resoufla d'vne forte halenée
Par les poumons reprise & redonnée,
Ouurant les yeux & dressant le sourcy:
Mais quand par tout le ventre fut grassy
De la Chévrette, & qu'elle fut egalle
A la rondeur d'vne moyenne balle,
A coups de coude en repoussa la vois
Puis çà puis là faisant saillir ses doits
Sur les pertuis de la Musette pleine,
Comme saisi d'vne angoisseuse peine.

palle & penſif auec le triſte ſon
De ſa Lou ette ourdiſt telle chanſon.

  Petits aigneaux qui paiſſez ſous ma garde,
Plus qu'deuant il vous faut prendre garde
De voſtre peau pour la crainte des loups,
Et de bon heure au ſoir retirez vous:
Plus ne verrez ſauter parmy les prées
Ny les Syluains ny les Muſes ſacrées;
Car nos paſtis ne ſont plus habitez
Comme ils ſouloient des ſainctes Deitez.

  Plus ne paiſtrez poliot ny lauande,
Le dur chardon ſera voſtre viande:
Et ſi verrés en toute les ſaiſons,
La ronce aiguë eſcarder vos toiſons.

  Et toy Harpant, qui te ſoulois defendre
Contre les loups, maintenant faut apprendre
D'eſtre humble & doux & ne plus abboyer:
Il faut apprendre à flechir & ployer,
Et te couchant (puis qu'il n'y a plus d'ordre)
Flatter les loups quand ils te voudront mordre.

  Et toy Muſette à qui preſque i'auois
Par ſept conduits donné la meſme vois
Qu'à ſon flageol auoit donné Tityre,
Plus tu n'auras ce plaiſir d'ouyr dire,
La belle Nymphé a fait cas de tes chants,
Car ſa grandeur abandonne nos champs.
Plus ne voudra ceſte Nymphe diuine
A ſon grand Pan qui la France domine,
Comme autrefois tes chanſons celebrer.
  Que tardes-tu? va t'en te démembrer
De piece à piece, & ſi tu peux transforme
Ton corps venteux en ſa premiere forme:

(Tu fus iadis sur la riue d'vne eau,
S'il m'en souuient, de pucelle vn roseau)
Et là tousiours quand tu seras atteinte
Du premier vent ne sonne que ma plainte.

　Dedans le creux d'vn rocher tout couuert
De beaux Lauriers estoit vn Antre vert,
Où au milieu sourdoit vne fonteine
Tout alentour de violette pleine:
Là se trouuoient toutes Saisons de l'an
Deux belles fleurs, la Rose, & le Safran,
L'vne honteuse & l'autre que l'on donne
Pour sacrifice à la Nymphe Pomonne:
Et l'Ancolie en semence s'enflant,
Et le Narcis que le vent va soufflant,
Le blanc Neufart à la longue racine,
Et le Glayeul à la fleur-arcquencine.

　Ceste fontaine en ruisseaux separée
Baignoit les fleurs d'vne course egarée,
S'entre-lassant en cent mille tortis,
Que ny chéureaux, ny vaches ny brebis
D'ergots fourchus n'auoient iamais foullée,
Ny les Pasteurs de leurs léures souillée.

　Vn iour d'Esté qu'encores le Soleil
N'a ses cheuaux deuallez au sonmeil,
Et qu'il se monstre encor plus haut qu'vne aulne
Dedans le Ciel tout bigaré de iaulne,
De pers, de bleu: ie vy pres d'vn rocher
Vn grand troupeau de Nymphes s'approcher,
Toutes ayans en leurs fresches mains blanches
Vn beau cosin tissu de ieunes branches.

　En ce-pendant que l'vne se baignoit,
L'autre sautoit & l'autre se peignoit,

Ie veis venir vne belle Charite,
Que les humains appelloient Marguerite,
Des immortels Pasitée auoit nom,
Toute diuine en faicts & en renom.

Elle marchant à tresses descoiffées
Apparoissoit la Princesse des Fées:
Vn beau surcot de lin bien replié,
Frangé, houpé, luy pendoit iusqu'au pié:
Et ses talons qui fouloient la verdure,
Deux beaux patins auoient pour couuerture:
Vn Carquan d'or son col enuironnoit,
Et son beau sein sans branler se tenoit
Pressé bien haut d'vne boucle azurée,
Ainsi qu'on peint la belle Cytherée.
Elle cent fois d'vn seul traict de ses yeux
Auoit flechy les hommes & les Dieux
Sans se flechir: car la fleche poussée,
De l'arc d'Amour ne l'auoit point blessée,
Et sienne & franche auoit tousiours esté
Parmy les fleurs en toute liberté.

A peine auoit dans les ondes voisines
Laué ses bras & ses iambes marbrines,
Que tout scudain (ou soit qu'il vinst des cieux,
Ou soit qu'il fust vn Faune de ces lieux)
Ie veis venir par estrange auanture
Vn Dieu caché sous mortelle figure,
Qui ressembloit le pasteur Delien
Gardeur des bœufs au bord Amphrysien,
Où le Troyen dont l'ardante ieunesse
Donna la pomme à Venus la Déesse.
Ses beaux cheueux sous vn Zephire mol
En petits flots ondoyoient à son col:

D

Ses yeux, son front, son allure, & son geste
Estoient pareils à Iunon la celeste.

Comme vn Pasteur portoit dedans sa main
Vne houlette à petits cloux d'airain,
Où sur le bout dessus l'escorce dure
De deux beliers fut peinte la figure
Qui se choquoient, & aupres d'eux estoit
Vn gros mastin qui les loups aguettoit.

Si tost qu'il veid ceste belle Dryade,
Blessé d'amour en deuint tout malade.
Or comme vn feu qui aux buissons se prend,
Puis soufleté par les vents se respand
De tous costez trouuant pasture preste,
Et des forests vient embrazer là teste:
Ainsi l'amour tellement l'embrasa,
Que ceste Nymphe à la fin il osa
Rauir au dos l'enleuant en Sauoye
Comme vn Lyon le doux suc d'vne proye.
Seulement foible on entendit la vois
Esuanouie au milieu de ces bois
Qui paruenoit aux oreilles à peine,
Comme le plaint de quelque Nymphe en peine.

Or en voyant en ces champs l'autre iour
Vn pigeon blanc empicté d'vn Autour,
Qui l'emportoit dedans sa serre aiguë
En la Sauoye, vn Atlas porte-nuë,
Ie preuy bien l'infortune futur,
Et l'engrauay dedans le tige dur
De ce coudrier: encor l'escorce verte
De l'engraueure apparoist entre-ouuerte:
Y adioustant ces vers pleins de soucy
Qu'encore vn coup ie vais redire icy:

A ton depart les gentilles Naiades:
Faunes, Syluains, Satyres, & Dryades,
Pans, Ægipans de ces Antres reclus
Sont disparus & n'apparoissent plus.

Loing de nos champs Flore s'en est allée,
D'vn habit noir Pomone s'est voilée,
Et Apollon qui fut iadis berger,
Dedans nos champs ne daigne plus loger,
Et le troupeau des neuf Muses compagnes
Ainsi qu'en friche ont laissé nos montaignes
Pour le regret de leur dixiesme Sœur
Qui les passoit de chant & de douceur:
Bref de nos bois toutes Deitez saintes,
Cypris la belle & ses Graces desceintes
Et nous laissant pour si piteux depart
La larme à l'œil habitent autre part.
Plus les rochers ny les Antres rustiques
Ne seront pleins de fureurs Poëtiques:
Echon se taist & ne veut plus parler,
Tant a regret de te voir en-aller.
- Las! maintenant en ta fascheuse absence
Le champ ingrat trompera la semence
Se démentant & en lieu de moissons
Ne produira que ronces & buissons:
Si que ic crains que malheur ne vous vienne,
Qu'en fleur nouuelle vn Aiax ne deuienne,
Et que Narcisse encor' ne soit mué,
Et d'Apollon Hyacinthe tué,
Et qu'en Soulcy ne iaunisse Clytie,
Et que la peau du satyre Marsye
Ne saigne tant que du dos escorché
Ne se reface vn grand fleuue espanché,

Puis que Manton, & la Nymphe Egerie
N'ont plus le soin de nostre bergerie.
  O demy-Dieux, ô gracieux esprits
Qui de pitié le cœur auez épris,
O monts, ô bois, ô forests cheueluës,
O rouges fleurs, iaunes, palles, & bluës,
O terre, ô ciel, ô fontaines & vens,
Faunes, Syluains & Satyres, & Pans,
Et toy Clion qui fus iadis ma Muse,
En cent morceaux casse ma Cornemuse,
Puis qu'aussi bien sans faueur & sans los
Pendroit en vain vne charge à mon dos.
  Pasteurs François n'enflez plus les Musettes,
Pour son depart elles seront muettes:
En l'air venteux leur chant esuanouy,
Comme il souloit ne sera plus ouy.
  Si m'en croyez allon en Arcadie,
Et fleehisson de nostre melodie
Rochers, & bois, tygres, lyons & loups,
Puis que la France est ingrate vers nous:
Puis que la Nymphe en qui fut l'esperance
Des bons sonneurs s'absente de la France,
Allon nous-en sans demourer icy
Pour y languir en peine & en soucy.
  Qui fera plus d'vn annuel office
Parmy les bois aux Muses sacrifice?
Qui plus de fleurs les ruisseaux semera?
Qui plus le nom de Palés nommera
Parmy les champs? & qui plus aura cure
De nos troupeaux pour leur donner pasture?
Qui plus à Pan daignera presenter
Les Pastoureaux pour les faire chanter?

Qui de leur flute appaisera les noises?
Qui ingera de leurs chansons Françoises?
Qui donnera le prix aux mieux-disans,
Et sauuera leurs vers des medisans?

Adieu troupeau qui pres moy soulois viure,
Adieu Vandome, adieu ie le veux suiure
Par les rochers, les Antres & les bois,
Sauoisien en lieu de Vandomois.

Dans le pays où la belle Atalante
Mettra les pieds, tousiours dessous sa plante
Fust-ce en hyuer les roses s'esclou'ront,
Et de laiçt doux les fontaines courront,
Les chesnes creux parleront les oracles,
Plus que iamais on voirra de miracles.
Car les rochers nostre langue apprendront,
Et les pinçons rossignols deuiendront:
Tous les pasteurs au retour de l'année
Luy dedi'ront vne feste ordonnée,
Feront des veux & donneront le prix
A qui sera de chanter mieux appris:
Si qu'à iamais comme vne colombelle
Par les pasteurs volera toute belle
De bouche, en bouche & par mille beaux vers
Son nom croistra dedans les arbres verds,
Qui garderont dans l'escorce entamée
A tout iamais sa viue renommée,
Pour deuenir plus vieille quelque iour
Que ces rochers nos rempars d'alentour.

Tant qu'on voirra sur les Alpes chenuës
Ou s'appuyer ou degouter les nuës:
Tant qu'en hyuer les torrens rauageux
Tomb'ront des monts à gros bouillons neigeux:

Tant que les cerfs aimeront les bocages,
L'air les oiseaux, les poissons les riuages:
Tant que mon sang mon corps animera,
Tant que ma main ma Musette aimera,
Tousiours par tout sans repos & sans cesse
Ie chanteray ceste belle Déesse
La M A R G V E R I T E, honneur de nostre temps,
Dont la vertu fleurist comme vn Printemps.

Et toy Chanson si rudement sonnée,
Demeure icy où ie t'ay façonnée
Dedans ce bois, au pied de ce rocher:
Il ne faut plus de la Cour approcher
Où sans appuy tu rougirois de honte,
Et de ta voix on feroit peu de conte.

Or sus paissez paissez pauures brebis,
Allez par l'herbe, emplissez-vous le Pis,
Eroutez rongez ceste douce verdure
Pour emporter aux aigneaux nourriture,
Qui en beslant dans le toict ont desir
De vous succer le laict tout à loisir,
Et quoy troupeau tu es insatiable,
La nuict arriue, il faut gaigner l'estable:
Voicy les loups qui ont accoustumé
De brigander quand le iour est fermé,
Ils font le guet & plus de rien n'ont crainte,
Car la bonté par les champs est estainte.

A tant le iour peu à peu s'embrunit,
Et le Pasteur comme le iour sinit
Son chant rural : des-enfla sa Musette,
Dedans sa main empoigna sa houlette,
Chassart deuant le troupelet menu
Harpaut son chien & son belier cornu,

# ECLOGVE IIII.
## OV
## DV-THIER.
### LES PASTEVRS.

Bellot, Perrot, Bellin.

D E fortuné Bellot & Peirot deffous
l'ombre
D'vn vieil chefne touffu auoient conté
par nombre,
L'vn à part fes brebis, & l'autre fes cheureaux,
Et tous deux fur la leure auoient des chalumeaux:
L'vn & l'autre tenoit fon efchine appuyée
Sur l'efcorce d'vn chefne, & la iambe pliée
En croix fur la houlette, & leur maftin eftoit
Couché pres de leurs pieds qui les loups aguettoit.
Ce-pendant que Bellot chantoit fa Dianette,
Et que Peirot faifoit apprendre à fa Mufette,
Le fainct nom de Charlot, & d'Annot, que les bois,
Les fleures & les monts ont ouy tant de fois
Redire à fon flageol, que mieux ils le cognoiffent
Que ne font les troupeaux le Thym dont ils fe paif-
fent:
Voicy venir Bellin qui feul auoit erré

D iiij

Tout vn iour à chercher son belier adiré,
Qu'à peine il ramenoit ayant lié sa corne
A vn lasset coulant d'vn tortis de viorne.

  Or ce Bellin estoit de chanter bon ouurier,
D'habits & de façons resembloit vn cheurier,
Il auoit en la main vne houlette dure,
Sa Musette pendoit au long de sa ceinture,
De moëlle de ionc il portoit vn chappeau,
En lieu d'vn paletot se vestoit de la peau
D'vn cheureul marqueté de couleur noire & blanche,
Qu'vne boucle d'arrain luy serroit sur la hanche:
D'vne chéure à long poil vn baudrier il auoit:
Son matin à gros poil pas à pas le suiuoit,
Qui aboyoit son ombre & mordoit à la fesse
Le belier qui trainer par la corne se laisse.

  Si tost que ie le vy si tost ie la cognu,
Et luy criay de loin : Tu sois le bien-venu,
Couche toy pres de nous, ou si le mol ombrage
Du chesné te desplaist, voy cest Antre sauuage:
Au fond de cé vallon nous irons si tu veux,
Et la tu chanteras le tiers auec nous deux.

  Au bout de l'Antre sonne vne viue fontaine,
Ses bords sont pleins de mousse & le fond d'vne arene
Que l'onde en sautelant fait iaillir çà & là,
Et dit-on qu'autrefois la fontaine parla.

  Vne vigne sauuage est rampant sur la porte,
Qui d'vn nœud replié sur le ventre se porte,
D'vne longue trainée, & du haut iusqu'à bas
D'infertiles raisins laisse pendre ses bras.

  Les sieges sont de tuf, & autour de la pierre
Comme vn passement verd court vn sep de lierre.
L'Antre n'est guiere loin, tu le verras d'ici

Si tu veux t'ergotter, ou te tenir ainsi
Debout comme ie suis, ou grimper à ce saule,
Ou bien d'vn sault, leger monter sur mon espaule.

Mais ne bougeon d'icy cest ombrage est bien frais,
Et bien frais est le vent qui vient de ces forés:
Bien doux est ce ruisseau, bien douces ces Bergeres
Qui desgoisent leur chant auprès de ces fougeres:
Ton belier les oyt bien, qui ne fait qu'escouter,
Et depuis leur chanson n'a souci de brouter.

### Bellin.

Ne bougeon mõ Perrot, l'ombre du chesne est bõne:
Icy parmy les prez la belle herbe fleuronne,
Icy les papillons peints de mille couleurs,
Et les mousches à miel volletent sur les fleurs:
Icy sur les ormeaux se plaint la tourterelle,
Icy le colombeau baise sa colombelle,
Philomele se deult, & d'vn gentil babil
Progné d'vne autre part lamente son Ityl.

De vous deux vne Eclogue à l'enuy soit iouée:
Perrot, les Loups m'ont veu ma voix est enrouée,
Ie ne sçaurois chanter, & quand ie le voudrois
(Ie iure par ton bouc) qu'encor ie ne pourrois:
Car on m'a pris d'emblée à ceste matinée
L'anche de mon bourdon que tu m'auois donnée.
I'ay bien veu le larron qui s'enfuyoit de moy,
Et tant plus à Thenot ie le monstrois au doy,
Plus il gaignoit le bois & se cachoit derriere
(A fin qu'on ne le vist) d'vne espesse ronciere.

### Perrot.

Ce n'est pas d'auiourd'uy qu'on void force larrons
Entre les Pastoureaux: par tous les enuirons
De ces prochains taillis on ne void autre chose,

C'eſt pourquoy mon maſtin toute nuict ne repoſe
Et ne fait qu'abayer. Bellot encore hier,
Comme il dormoit ſeulet ſous l'ombre d'vn coudrier,
Perdit ſa chalemie & ſon pipeau d'auaine,
Qui valoyent bien d'achat quatre toiſons de laine.

　　Depuis ie vy Thoumin qui dans le carrefour
Où tu vois ceſte coudre, enfloit tout à l'entour
Les veines de ſon col pour vouloir contrefaire
Bellot: mais le pipeau ne le vouloit pas faire,
Ains d'vn ſon miſerable irritoit par les champs
Les Geais & les Piuers à reſpondre à ſes chants.

　　Et moy, i'ay bien perdu ma Loure toute entiere,
Que Pernet deſroba dedans ma paneticre:
Ie haſtay mon maſtin apres le larronneau,
Qui ſi pres le ſuyuit, qu'il le priſt au manteau:
Il ſe ſauua pourtant & de la Loure mienne
Sonne touſiours depuis & iure qu'elle eſt ſienne.
Ianot ſçait bien que non, car il me la bailla,
Et de nuict & de iour curieux trauailla
Pour m'en faire iouer contrefaiſant la Muſe
Du Paſteur qui ſleutoit aux bords de Syracuſe.

　　Ne laiſſe pour cela mon Bellot, de chanter:
Les bois ne ſont pas ſourds, tu les puis enchanter.
Eſhon nous reſpendra, & nous ferons egales
Nos ruſtiques chanſons à la voix des Cigales.
Chanton l'vn apres l'autre, & en ceſte façon
Que Phœbus aime tant, diſon vne chanſon.

　　　　　　Perrot.

Mes vers au nom de Pan il faut commencer, Muſes:
Pan eſt Dieu des Paſteurs, & d'eux il a ſouci,
Il daigne bien danſer deſſus mes cornemuſes,
Il a ſoin de la France & de mes vers auſſi.

### Perrot.

Av sainct nom de Palés il faut que ie commence:
Palés ainsi que Pan aime les Pastoureaux,
Au bruit de mon flageol bien souuent elle danse,
Elle a soin de mes vers & de tous mes torreaux.

### Bellot.

Diane qui les cerfs va suiuant à la trace,
A qui tout le beau front en Croissant apparoist,
Ne cognoist pas si bien en courant à la chasse
La meute de ses chiens comme elle me cognoist.

### Perrot.

Phœbus le cheuelu Dieu qui preside à Cyntl e,
M'aime plus que son Luth: ie fais sa volonté,
Tousiours ses dons ie porte, au sein son Hyacinthe,
Son Laurier sur le front, sa trousse à mon costé.

### Bellot.

Deux petits ramereaux ie porte à mon Oliue,
Denichez d'vn grand orme à grauir mal-aisé,
Afin de la baiser s'elle veut que ie viue:
Autrement ie mourray si ie n'en suis baisé.

### Perrot.

Ie portay l'autre iour deux tourtres à Cassandre,
Et mon present & moy beaucoup elle prisa:
De sa blanchette main l'oreille me vint prendre,
Et plus de mille fois doucement me baisa.

### Bellot.

Il ne faut comparer ma Bergere à la tienne,
Non plus qu'vne fleur viue à des boutons cueillis:
La tienne est toute brune & tu sçais que la mienne
(Tu la vis l'autre iour) est plus blanche que lis.

### Perrot.

La couleur blanche tombe, & la couleur brunette

Est toufiours en faifon & ne fe fleftrit pas:
On cueille du Baciet la fleur toute noirette,
Le Liz qui eft tout blanc, tombe fouuent à bas.

### Bellot.

Ie ne veux plus aller où ma Nymphe feiourne,
I'y pers toufiours mon cœur qui fantafte la fuit,
Comme vn bouc adiré qui le foir ne retourne
A l'eftable, & d'amour s'egare toute nuit.

### Perrot.

Ie n'ofe voir la mienne, elle m'a fait malade
Plus de trois iours entiers en extreme langueur:
Ie ne fçay quels Amours fortoyent de fon œillade,
Qui de cent mille traits me percerent le cœur.

### Bellot.

Mon maftin garde bien de mordre ma mignonne
Si elle vient me voir, ains baife luy les pieds:
Mais abaye de loin fi de quelque perfonne
Au milieu de nos ieux nous eftions efpiez.

### Perrot.

I'ayme bien mon maftin, par luy ie vy m'amie
L'autre iour que le chaut me faifoit fommeiller:
Elle iettoit des fleurs fur ma bouche endormie,
Mon maftin abayoit à fin de m'efueiller.

### Bellot.

Que toufiours Auanfon maugré l'àgafteuriffe:
Car il aime les vers & tous ceux qui les font.
Ie nourris pour fa fefte vne noire Geniffe,
Qui de blanche couleur porte vne eftoile au front.

### Perrot.

Du-thier dedans le Ciel puiffe prendre fa place,
Il ayme mes chanfons, & les met en auant:
Ie luy pais vn Toreau qui les Pafteurs menace

De la corne & du pied pousse l'arene au vent.
### Bellot.

Quiconque aime Auanson, toutes heureuses choses
Luy puissent à souhait venir de toutes pars:
Quelque part qu'il ira les œillets & les roses,
Et fust ce au iour d'hyuer luy naissent sous les pas.

### Perrot.

Quiconque aime Du-thier, qu'il flechisse les mar-
bres,
Qu'en parlant le doux miel luy coule de la vois,
La Regelice soit racine de ces arbres,
De succre ses rochers, de canelle ses bois.

### Bellot.

S'il est vray que ie chäte aussi bien, qu'ès môtaignes
Chantent au mois de May les doux rossignolets,
Nymphes ie vous suppli' paissez par ces campaignes
D'herbettes & de fleurs mes petits aignelets.

### Perrot.

S'il est vray que ie chante aussi bien que Tityre,
Et que mes vers sans nom ne se trainent croupis,
Nymphe ie vous suppli' que mon troupeau n'empire,
Paissez-le de bonne herbe & luy enflez le Pis.

### Bellot.

De laict puisse couler les ondes de mon Loire,
Ses bords soient pour iamais d'hyacinthes semez,
Et de ces belles fleurs qui gardent la memoire,
Et le beau nom des Rois en elles transformez.

### Perrot.

Mon Loir coule de miel, son arene soit pleine
De perles & rubis, & sa riue d'esmail,
Ses cousteaux de raisins & de froment si plaine,
De manne ses forests & ses prez de bestail.

D. vij

### Bellot.

Mais d'où vient que mon bouc qui sautoit si alaigre,
Qui gaillard dans ces prez coffoit contre mes bœufs,
Depuis qu'il vid ta chéure est deuenu si maigre?
Ie ne sçay qu'il auroit, s'il n'estoit Amoureux.

### Perrot.

La chéure que tu dis, sur vne pierre dure,
Auorta l'autre iour: depuis elle ne paist
Ny saule ne fouteau, c'est vn mauuais augure:
Bellot si tu le sçais dy le moy s'il te plaist.

### Bellot.

Ie cognois des Pasteurs qui nos bœufs enforcellent
De regards enchantez: puissent ils arriuer
Auecque leurs troupeaux quand les fleurs renouuellet
Au Printemps en Afrique, en la Thrace l'Hyuer.

### Perrot.

De ce taillis prochain deux vieilles sont sorties,
Qui m'ont enforcellé mon pauure torreau blanc:
Puissent elles dormir au milieu des ortiers,
Apres auoir gratté leurs corps iusques au sang:

### Bellot.

Si i'auois mon Oliue, & les barbes des léures
De mes boucs estoient d'or, & si tant d'or i'auois
Que de poil se herisse en la peau de mes chéures,
Ie ne voudrois pas estre vn Faune de ces bois.

### Perrot.

Si mes brebis portoyent vne toison dorée,
Si i'amais ma Cassandre, & mes beliers cornus
Auoyent les ergots d'or, au cœur de ceste prée
Ie bastirois vn Temple à la belle Venus.

### Bellot.

Ia la chaleur se passe & le soleil s'abaisse,

Les vents sont assoupis, les bois dorment sans bruit:
Mais le brazier d'amour qui iamais ne me laisse,
Plus s'allume en mon cœur plus s'approche la nuict.

### Perrot.

La nuict nourrit le mien que ie ne puis esteindre,
Toute l'eau de la mer au aller me faudroit:
Mais pour boire la mer il ne seroit pas moindre,
Plus ie l'arrouserois & plus il reuiendroit.

### Bellot.

Desur deux chesnieteaux hier à toute force
Auanson ie grauay auecques vn poinçon:
Les deux chesnes croistront & la nouuelle escorce
Portera iusqu'au Ciel le nom de d'Auanson.

### Perrot.

A la Déesse Echon qui par les bois resonne,
I'aprens le nom Du-thier si souuent & si bien,
Que parmy les forests ceste Nymphe ne sonne
Ny entre les rochers autre nom que le sien.

### Bellot.

Hou mastin! fay venir mon bouc que ie voy pendre
Sur le haut de ce roc, il pourroit trebucher,
Qu'il vienne icy brouter où le saule est bien tendre,
Si ie prens ma houlette, il se fait bien chercher.

### Perrot.

Pres des meres paissez, paissez parmy l'herbette
Petit troupeau d'aigneaux, pour la crainte des loups:
Tousiours deuers le soir la beste vous aguette,
Ne vous esloignez pas, elle courra sur vous.

### Bellot.

Dy moy quelle herbe fait les hommes inuisibles
Mise desur la langue, auant que desieuner,
De qui Catin faisoit des choses impossibles:
Tu me seras vn Dieu si la peux deuiner.

### Perrot.

Mais deuine toy-mesme, & tu seras Prophete
Le plus grand des Pasteurs, de quelle herbe est chãgé
Le cœur d'vne pucelle & de cruelle est faite
Plus douce à son amy quand elle en a mangé?

### Bellin.

Il ne faut point entrer en si longue dispute,
Mon Bellot mon amy prens de moy ceste Flute:
Fredel ce bon ouurier de Buis la façonna,
Et par quatre pertuis le vent il luy donna.
Toy Perrot, prens en don ceste belle Chéurette:
Son ventre est fait de Cerf, son anche de Coudrette,
Son bourdon de Prunier: iamais ne perd le vent:
Car elle est bien cirée & derriere & deuant.

Perrot prist la Chéurette, & seul par les valées
Et les bords plus secrets des riues reculées
Alloit sonnant Du-thier: Du-thier sonnoit sa vois
Et Du-thier respondoient les antres & les bois.
Il le sonnoit au soir quand le Soleil se couche,
Le sonnoit au matin quand il sort de sa couche,
Le sonnoit à midy alors que les troupeaux
Remaschent leur viande à l'ombre des ormeaux.
Car il aimoit Du-thier autant que les Auettes
Ayment au mois d'Auril le doux suc des fleurettes,
Le Trefle les brebis: & dés ceste heure-là
Perrot laissa les bois & au Rois s'en alla.

# ECLOGVE V.

## LES PASTEVRS.

### Carlin, Xandrin, Lanſac.

Noms qui repreſentét le Roy Charles ix.
& le Roy qui regne auiourd'huy, Henry iii.
qui auoit nom en ſon premier aage Alexá-
dre, repreſenté par Xandrin, Lanſac, Gentil-
homme Sainctongeois, aſſez cognu pour
ſes rares vertus, pour lors Gouuerneur du
Roy Charles ix.

Eux freres Paſtoureaux qui auoient pris
naiſſance
De Pan qui commandoit n'aguerres à la
France,
Tous deux d'âge pareils, ſe rencontrans vn iour
Apprindrent aux Foreſts à parler de l'Amour:
Tous deux auoient appris d'enfler les cornemuſes
L'vn deſſous Amyot grand Miniſtre des Muſes,
Et l'autre deſſous Selue, à qui Phebus donna
Sa Lyre & ſon Laurier quand il le couronna.
Tous deux eſtoient ſçauans, bien appris à ſemondre,
Bien appris à chanter, bien appris à reſpondre:
Tous deux apparoiſſoient miracle de leur temps,
Faiſans naiſtre des fleurs pluſtoſt que leur printemps.

Comme Carlin vn iour retournoit de la chaffe
(L'vn auoit nom Carlin, l'autre Xandrin) il paffe
Aupres d'vne fontaine, où fon frere Xandrin
Paiffoit fes gras aigneaux de verd trefle & de thym:
Auffi toft que Carlin l'apperceut, il s'efcrie:

### Carlin.

Xandrin gentil Pafteur chant on ie te fupplie:
Tous les bergers de France ont eftimé de toy
Que tu es plus fçauant à bien chanter que moy:
Ie viens pour t'effayer & te faire cognoftre
Qu'en l'art de bien chanter ie ne trouue mõ maiftre.

### Xandrin.

Carlin gentil Berger ie fuis preft de chanter:
Mais quant le combat il ne faut te vanter.
Approche, ie fuis preft: ie te feray cognoiftre
Qu'en l'art de bien chanter ie ne trouue mon maiftre.
Mais que veux-tu gager?

### Catlin.

Tout ce que tu voudras:
Ie gage deux aigneaux, gage deux chéureaux gras.

### Xandrin.

En lieu de tes aigneaux ie veux mettre vne Taffe
Qui quatre-fois le prix de ton gage furpaffe,
Nouuellement tournée: encores elle fent
La cire & le burin: vne vigne defcent
Tout à l'entour des bords qui de raifins chargée,
Eft de quatre ou de cinq pucelles vendangée:
L'vne tient vn panier, l'autre tient vn coufteau,
Et l'autre à pieds defchaux cache le vin nouueau,
Qui femble s'efcouler en la taffe profonde.
A l'ombre de la vigne eft vne Nymphe blonde
A cheueux deliez, qui fe couure le flanc

Les cheueux & le sein d'vn petit linge blanc:
Deux Satyres coinus sont aupres de la belle,
Qui ont les yeux enflez de trop veiller pour elle,
Blessez de son amour: mais peu se chaillant d'eux,
Quelquefois desur l'vn, quelquefois sur les deux
Mignotte son regard, & se prend à sou-rire
Leur donnant le martel, & ne s'en fait que rire.

    Vn pescheur est assis au bord du Gobelet,
Qui courbé fait semblant de ietter vn Filet
En la mer, desployant les plis de son entorce,
Puis de mains & de nerfs & de veines s'efforce
Le retirer sur l'eau: ses muscles grands & gros
S'enflent depuis son chef iusqu'au bas de son dos
Tout le front luy degoute, & bien qu'il soit vieil
    homme,
Le labeur toutesfois ses membres ne consomme,
Tant il est cru vieillard, & diriez à le voir
Qu'il sue & qu'il ahanne, & ne le peut r'auoir,
Ma léure au Gobelet n'a touché pour y boire:
Tu l'auras toutefois si tu as la victoire.

            Carlin.

Ie gage vne Musette au lieu de ton vaisseau,
Qui me couste en argent la valeur d'vn Toreau,
Que d'vn ligneul ciré au genouil i'ay fait coudre:
Son ventre est peau de Cerf, ses anches sont de Coudre,
Son bourdon est de Buis, son pipeau de Prunier,
C'est vn chef-d'œuure grand: Seluin ce bon ouurier
En ces bois l'autre iour me la vendit bien chere:
Ie la vouloix donner à Margot la Bergere,
Margot qui par les bois garde icy comme nous
Les troupeaux de Catin, & fait la guerre aux Loups.
Ou bien si tu ne veux, ie mets ma panetiere:

D'vn auorton de Biche est la peau toute entiere,
Et te diray comment le Sort qui les humains
Gouuerne comme il veut, la mist entre mes mains.

    L'autre iour en gardant mes bœufs en ce bocage,
Ie vy qu'vn Loup suiuoit vne Biche sauuage,
Et la pressoit si fort que desia la tenoit,
Et d'haleine & de pouls moindre elle deuenoit :
Elle battoit des flancs sa langue estoit tirée,
Comme estant ia du Loup la proye desirée :

    Quand en prenant mon arc ie le banday soudain,
Ie le courbe en Croissant de la senestre main,
Ie l'eslogne du front, puis comme bien adextre,
De l'autre ie l'approche à la mammelle dextre.
L'arc soudain se desbande, & le trait fait vn son
Qui passant comme vent de buisson en buisson,
Siflant & fendant l'air, entama d'auenture
La Biche sous le cœur de mortelle ouerture
Vn peu dessous l'espaule : elle tombe à genoux,
Et le Loup s'enfuit fremissant de courroux.

    I'approche & la decoupe, & comme ie m'arreste
A vouloir d'écereler les tripes de la beste,
Ie vy trembler vn Fan, lequel me sembla beau,
De taches marqueté : i'en escorchy la peau,
I'en fis ma panetiere, où quatre ou cinq cachettes
Se trouuent la dedans comme belles chambrettes,
L'vne à mettre du pain, l'autre à mettre des noix,
I'autre à mettre la fonde & mon vaisseau de bois.
Or tienne elle sera, si Pan te fauorise,
Estant victorieux de si belle entreprise.

Xandrin.

    Qui sera nostre iuge, & voudra sans faueur
Donner au mieux-disant la victoire & l'honneur ?

Appellon ce Pasteur qui est docte en Musique,
Qui de tels differents entend bien la pratique:
C'est celuy que mon chien abbaye:vois-tu pas
Comme gaillard il vient deuers nous le grand pas?
A voir sa panetiere & sa grise iaquetté,
Son chappeau fait de ionc,sa fonde & sa houlette,
C'est le Pasteur Lansac, des Muses le soucy,
Dont le renom s'honore en autre part qu'icy:
Le Tybre t'a cognu,& les eaux argentines
De la Touure qui court toute blanche de Cygnes.

### Carlin.

Inge-nous sans faueur,donne à celuy le prix
Qui sera de nous deux à chanter mieux appris:
Nos chants ne sont combats,riotes ne finesses,
C'est pour guerir l'amour de nos ieunes Maistresses.
,, Tous deux ne sommes qu'vn : bien souuent l'amitié
,, Par vn ioyeux combat renforce de moitié.

### Lansac.

Or-sus assisez-vous,icy l'herbe est fleurie,
Icy la vigne tendre aux ormeaux se marie,
Icy l'ombrage est frais,icy naissent les fleurs ,
Icy le Rossignol rechante ses douleurs,
Icy l'onde murmure,& le gentil Zephyre
Au trauers de ce bois par les fueilles souspire.
Carlin,chante premier,& toy Xandrin apres
Fais en luy respondant retentir ces forests.

### Carlin.

Du puissant Iupiter les Princes ont leur naistre,
Les Rois aux temps passés estoient des Pastoureaux:
Apollon & Mercure autrefois ont fait paistre,
(Fils de Dieux comme nous)icy bas les troupeaux.

### Xandrin.

Pan preside aux Pasteurs, du ciel il me regarde,
Il entend ma priere, il escoute mes chants:
Sur la France & sur moy de bon œil il prend garde,
Il nourrist mes troupeaux, & augmente mes champs.

### Carlin.

Depuis le mortel coup, qui (tout le cœur me serre
Las! quand il m'en souuient, d'angoisses & de pleurs)
Enuoya Pan au ciel la plus fertile terre
N'a produit que halliers en lieu de belles fleurs.

### Xandrin.

En lieu de bon froment est sorty la Nielle,
Chardons pour Artichaux: Chenarde pour Saffran:
Toute chose est changée, & la Rose noüuelle
Et les Lis sont flestris aux plus beaux iours de l'an.

### Carlin.

Que vous estes heureux d'auoir pris accroissance,
Chesnes qui faites ombre à ces petits Cyprés!
Les petits buissonnets n'ont sêue ny puissance:
Ie voudrois estre grand comme ces grands forests.

### Xandrin.

L'âge ne sert de rien pourueu que le courage
Soit grand & genereux: ces buissons que tu vois
Qui ne sont auiourd'huy sinon vn peu d'ombrage,
Deuiendront quelquefois aussi hauts que ces bois.

### Carlin.

Paissez douces brebis, paissez en ceste plaine
Da trefle, & toy mõ chien garde bien mon troupeau
Quand i'auray le loisir, toutes en la fontaine
Ie vous iray lauer pour vous blanchir la peau.

### Xandrin.

Bouc qui frappes du pied, & de la corne pousses

Le front de mes chéureaux, sois desormais plus doux:
Il ne faut irriter mes chéures qui sont douces,
Autrement tu serois la pasture des Loups.

### Carlin.

Ne reuiendra iamais ceste saison dorée
Où les Pasteurs Charlots par les champs fleurissoient?
Quand la terre portoit sans estre labourée
Les bleds qui de leur gré par les champs iaunissoient?

### Xandrin.

Entre les hommes vifs tousiours vit l'esperance,
Pren courage Carlin, ce bon temps reuiendra:
Les eaux courrôt de laict, le miel prendra naissance
Des Chesnes, & l'Hyuer le Printemps deuiendra.

### Carlin.

Fleuues, enfans de l'Air, & vous fleurs biē-aimées,
Si dessous mon flageol raieunir ie vous voy:
Paissez à mon souhait mes brebis affamées,
Et si Xandrin y vient faites luy comme à moy.

### Xandrin.

Herbes qui boutonnez vertes ames sacrées,
Si sous mon harigot reuerdir ie vous voy,
Paissez à mon souhait mes troupeaux par ces prées,
Et si Carlin y vient faites luy comme à moy.

### Carlin.

Nymphes, mon cher soucy, permettez que ie face
Des vers tels que Francin ce grand Pasteur diuin:
Ou bien s'il ne vous plaist me faire ceste grace,
En vœu ie luy pendray mon flageol à ce Pin.

### Xandrin

Bergers en ma faueur faites vne couronne
De l'Hierre à mon front: si le Ciel n'est jalous
De mon âge nouueau, qui comme vn pré fleuronne,

I'espere quelque iour me voir Maistre de vous.

## Carlin.

De la Musette vn iour puissé-ie tant apprendre,
Que ie chante à l'enuy les honneurs de Catin
Qui douce m'a nourry, comme vne mere tendre
Son enfant le plus cher nourrist de son tetin.

## Xandrin.

Ie veux ainsi que toy chanter les honneurs d'elle,
I'espere de sa main les Lauriers triomphans:
Douce elle m'a nourry, comme autrefois Cybelle
Sur les monts Ideans nourrissoit ses enfans.

## Carlin.

Ie veux de gazons verds, pour mieux luy faire
    hommage,
Luy dresser vn Autel couuert de Poliot,
Où de Cormier taillé ie mettray son image,
Celle des deux Francins, celle de Henriot.

## Xandrin.

Ie veux chanter des vers sur mon tuyau d'auène,
Le vent les portera le long de ces pastis:
Catin téporisât souffrit beaucoup de peine
Pour garder nos troupeaux quand nous
    estions petits.

## Carlin.

Que ne tiens-ie en mes bras la douce Pastourelle
Que le cœur m'a rauy d'vn regard gracieux?
Qui de corps & de taille & de face est si belle
Que ie suis trop heureux de languir pour ses yeux?

## Xandrin.

Ie ne voudrois auoir les troupeaux d'Arcadie,
Ny des plus riches Rois les tresors plantureux:
Si i'auois seulement vn baiser de m'amie

Dessous

Deſſous ces vers coudriers, ie ſerois trop heureux.

### Carlin.

Si toſt que dãs ces champs arriue Galatée,
Les herbes & les fleurs naiſſent par tout icy:
Mais ſi toſt qu'autre part ſa veüe eſt eſcartée
Pour s'en aller de moy, les fleurs s'en vont auſſi.

### Xandrin.

Si toſt que dans ces champs arriue Paſithée,
Par tout où elle va le beau Printemps la ſuit:
Mais ſi toſt qu'autre part ſa veüe eſt eſcartée
Pour s'enfuyr de moy, le beau Printemps s'enfuit.

### Carlin.

Ie garde à Galatée vn bel eſſein d'abeilles,
Qui bruiãt doucement la belle endormiront:
Ie luy garde vn Cheureau qui deſia fait merueilles
De bondir deſſus l'herbe, & de coſſer du front.

### Xandrin.

Ie garde à Paſithée vne Linote en cage,
Que i'ay priſe à la glus, & ſi bien l'autre iour
Ie luy fis oublier ſon naturel langage,
Que maintenant ſon chant n'eſt ſinon que d'amour.

### Carlin.

Bouc, Colomiel barbu de mon troupeau champeſtre,
Va dire à Galatée à fin de l'enflamer,
Que le diuin Protée a ſouuent mené paiſtre
Du grand Prince Neptun les troupeaux ſous la mer.

### Xandrin.

Belier fidel: guide à mes brebis fertiles,
Va dire à Paſithée (elle chante icy pres)
Que Pallas toute ſeule aille habiter les villes,
Ie veux auecques Pan habiter les foreſts.

E

#### Carlin.

C'eſt vne choſe triſte au bois que la froidure,
Aux Merles l'Eſpreuier, aux Riuieres l'Eſté,
Au Paſteur amoureux vne Maiſtreſſe dure
Qui garde apres la mort à Pluton ſa beauté.

#### Xandrin.

Seul ie ne ſens d'amour les fleches trop cruelles
O pere Iupiter, ô Deeſſes, ô Dieux,
Vous auez tous aimé, & les beautez mortelles
Vous ont fait autrefois abandonner les Cieux.
    Xandrin auoit finy, quand Carlin qui s'auance
D'enfler vne autre flute, à chanter recommence.

#### Carlin.

Loups amis de ces bois, qui de iour & de nuit
Aguettez le troupeau qui par l'herbe me ſuit,
Pardonnez à mes bœufs pardonnez à mes cheures
Et à mes boucs cornus qui portent barbe aux leures.
    Et quoy mon chien Harpaut te faut-il ſommeiller,
Eſtant pres d'vn enfant quand tu deuſſes veiller?
    Brebis mangez broutez n'eſpargnez mon herbage:
Tant plus il eſt tondu il reuient d'auantage.
Paiſſez-vous de bonne herbe & vous enflez le Pis:
Le laict que vous aurez ſera pour vos petits
Qui beſlent dans le tait. Quoy? vous ne faites conte
De les aller penſer? n'auez vous point de honte
De vouloir tout le iour par les prez ſeiourner?
Voicy la nuict qui vient il s'en faut retourner.
Carlin vouloit partir, quand Xandrin qui entonne,
Vn autre Chalumeau, telle Chanſon en ſonne.

#### Xandrin.

Ainſi qu'vne belle ante eſt l'honneur d'vn verger.
Et le troupeau bien gras eſt l'honneur du Berger:

Ainsi, frere Carlin, l'honneur de noſtre enfance
C'eſt noſtre Catherine, ainçois de toute Fance.
Le miel puiſſe couler deſſus elle en tout temps,
Naiſſe deſſous ſes pieds à iamais vn Printemps,
Que iamais le malheur ſon Alteſſe n'abaiſſe,
Qu'elle ſoit des François la nouuelle Déeſſe,
Qu'elle eſcoute du ciel nos plaintes & nos vœux,
Et ſoit garde à iamais de France & denous deux.

### Lanſac

C'eſt plaiſir qu'ouyr plaindre vn belle Geniſſe,
D'ouyr le Roſſignol, d'ouyr l'onde qui gliſſe
A val d'vn haut rocher, d'ouyr contre les bords
Les flots de la gråd' mer quand les vents ne ſont forts.
Mais c'eſt plus grand plaiſir d'entendre vos Muſettes:
Qui paſſent en douceur les douceurs des Auettes.

Vos bouches à iamais ſe rempliſſent de miel,
Et touſiours ſains & gais vous maintienne le ciel
En honneurs, en vertus, & en forces egales,
Puis que vos deux Chanſons ſurmontent les Cigales.
Que l'vn donne ſon gage à l'autre de bon cœur,
Car l'vn n'a point eſté deſſus l'autre veinqueur:
Viuez par les foreſts ſans haine & ſans reproche,
Adieu Gentils Paſteurs, adieu la nuict s'approche.

E ij

# LE CYCLOPE AMOV-
## REVX.

Outre le mal d'Amour qui tous les
   maux excede,
L'artifice n'inuente vn plus present
   remede,
Soit pillule ou breuuage, emplastres ou liqueurs,
Que la science apprise à l'eschole des Sœurs.
Vn chacun en chantant veut soulager sa playe:
Mais Amour de chansons friuoles ne se paye,
Et ne preste l'oreille à tous les importuns:
Puis des sçauantes Sœurs les arts ne sont communs,
Et suffit si Nature en ses œuures sacrée,
Fait naistre vn bon ouurier en toute vne contrée.
Ie sçay bien d'Espinay que vous sçauez comment
On se peut alleger d'vn si gentil tourment:
Appollon vous honore & ceste belle trope
Qui suit par les rochers les pas de Calliope: =
Puis vous estes courtois, & ie sçay bien aussi
Que rien ne vous plaist tant qu'vn amoureux souci:
Vous ne prinstes naissance en vn desert rustique,
Germe d'vn Tigre fier, ou d'vn Lion d'Afrique.
C'est pourquoy de Sicile au riuage Breton
I'enuoy'ce Polyseme à qui tout le menton
Rude s'espaississoit d'vne longue silace,
Qui luy couuroit le front, les temples, & la face

Amour qui rechatoüille en nous les appetits,
,, Domte aussi bien les grands comme il fait les petits.
Par luy vous apprendrez que les Rois & les Princes
Et les grands Gouuerneurs des Royales Prouinces,
Qui ont le cœur hautain & le sang genereux,
Ne sont pas seulement des beautez amoureux:
Mais ceux qui les troupeaux conduisent en pasture,
Les pauures Idiots, les monstres de nature
Cachent en la poitrine vn vlcere arreste,
D'esperance & d'ardeur ieunement allaicté:
Comme vn Cyclope fit, qui l'ame auoit domtée
De l'amour qu'il portoit à vne Galatée,
Naiade de la mer dont il estoit espoint,
Et pour sa recompense elle ne l'aimoit point.

Or ce grand Polyscme, horreur de la Sicile,
Enfant Neptunien, aux hostes difficile,
Pour se faire plus beau, d'vn rateau se peignoit:
Et d'vne faux sa barbe & ses ongles rongnoit,
Qui d'vn taillis de poil herissoit sa poitrine,
Et qui n'auoit miroüer que l'eau de la marine:
Son corps estoit Geant, & au milieu du front
Contournoit vn grand œil côme vn grand boucler rôd:
Il tenoit en son poing au lieu d'vne houllette
Vn sapin esbranché, il auoit sa Musette
Bruyante à cent tuyaux, & du haut du collet
Iusqu'au bas des genoux pendoit son flageolet,
Qu'il enfloit du matin iusqu'au soir, menant paistre
Sur le bord de la mer son gras troupeau champestre.

Sa Maistresse il n'aimoit comme pour des bouquets,
Pour de petits anneaux, pour vn tas d'affiquets
Que donne le berger simplement à s'amie:
Ains comme hors du sens & tout plein de furie

E    iij

Apres elle enrageois: les Muses à la fin,
A l'aide des beaux vers mirent son mal à fin,
Vn iour voyant du bord sa cruelle Maistresse
Qui se peignoit sur l'onde ainsi qu'vne Déesse,
S'assist sur vn rocher, & d'vn larmoyant son
Tourné deuers la mer chanta ceste chanson.

O belle Galatée ensemble fiere & belle,
Pourquoy ieune beauté m'estes vous si cruelle?
Pourquoy me suyez-vous? ne vaudroit-il pas mieux
Me meurdrir de cent morts qui viennent de vos yeux
Mourant aupres de vous, que languir en seruage
Banny de vostre grace au bord de ce riuage?
Vos yeux dedans les miens ont versé tant d'amour
Que pour eux ie souspire & de nuict & de iour,
Et suis tant allumé d'vne fiéure incurable,
Que mon troupeau tout seul s'en retourne à l'estable
Quand Vesper est venu, & dés l'Aurore aussi
Sans conduite reuient tout seul repaistre icy.
Les grands vaisseaux chargez qui me seruoient de
    proye,
Leur coupant le chemin au milieu de leur voye,
Serrez entre mes bras comme dans vn lien,
Font voile au gré du vent, sans plus ne craindre rien,
Puis qu'il vous plaist, Maistresse, & si n'auez enuie
D'vn seul petit baiser me soulager la vie,
A qui ia la vigueur & la force defaut,
Et ce qui plus me deult, c'est qu'il ne vous en chaut.
O montaigne d'Etna que d'ici ie regarde,
Vomir à chauds bouillons vne flame qui garde,
Sa nourriture en soy, comme vous au dedans,
Amour m'a tout bruslé de ses flambeaux ardans,
Dont on peut la chaleur par mes souspirs comprendre.

Helas! voſtre braſier ſe couure d'vne cendre
Qui par fois ſe r'allume, & couurir ie ne puis
D'vne cendre le feu dont embraſé ie ſuis.
 O fontaine Arethuſe, amoureuſe ancienne
De ce Dieu qui preſide à l'onde Alpheïenne,
Ie ſuis eſmerueillé qu'en boiuant de voſtre eau,
Et m'y baignant ſouuent, ie n'eſteins le flambeau
Qu'amour autour du cœur ſi chaudemēt m'allume,
Et que voſtre froideur ma chaleur ne conſume!
 O rochers endurcis au bord de ceſte mer,
Ie voudrois me pouuoir en pierre transformer
Pour ne ſentir plus rien comme choſe inutile,
Non plus que fait Niobe au rocher de Sipyle!
 O foreſts que ie porte enuie à voſtre bien!
Et d'autant ô foreſts que vous ne ſentez rien,
Et d'autant que touſiours voſtre chef rẽnouuelle
De Printemps en Printemps ſa perruque nouuelle,
Mais ie ne puis changer mon amoureux eſmoy
Qui touſiours m'accompagne & vieilliſt auec moy.
 O mer bien que ſoyez & cruelle & amere,
Ie ne vous puis hair: car vous eſtes la mere
De celle qui me tuë: on chante que Venus
Naſquit d'eſcume blanche entre vos flots chenus:
Toute fois elle eſt calme & par nulle priere
Ie ne puis adoucir ceſte autre mariniere,
Ceſte Venus ſeconde en qui la cruauté
De la mer apparoiſt auecques la beauté.
 I'ayme pour mon confort de voir la pierre ponce
Qui nage deſſus l'eau & iamais ne s'enfonce
Non plus que mon penſer qui çà qui là nouant
Ainſi que Galatée en l'eau ſe va iouant.
 I'ayme bien des Daufins l'amoureuſe nature,

Qui sous le froid des eaux, ont senti la poincture
D'aimer ainsi que moy: mais leur sort amoureux
Est trop plus que le mien en amour bien-heureux.

I'aime l'esponge aussi, d'autant qu'elle est vtile
A m'essuyer le pleur qui de mes yeux distile.

I'aime aussi le coural d'autant qu'il est pareil
Aux léures de m'amie & à son teint vermeil:
Seulement ie me hay, desespere pour n'estre
Aimé de ces beaux yeux qui du mien se font maistre.

O Nymfe qui m'auez tout le cœur embrasé,
Tendez-moy vostre bouche à fin d'estre baisé.
On dit qu'au ciel là haut vn grand Iupiter tonne,
Qui de ses feux ardens tous les peuples estonne:
Vostre œil m'est Iupiter qui tout m'a foudroyé
D'vn regard que m'auez dans le cœur enuoé,
Et si n'auez souci d'esteindre en nulle sorte,
Non d'vn petit souffu la flame que ie porte.

Las! vous venez ici pour iouer sur les bords
Quand seule vous voyez que tout seul ie m'endors,
Et pour me resueiller vous me tirez l'oreille,
Puis en l'eau vous fuyez si tost que ie m'esueille:
Seulement mes Harpaux qui gardent mon troupeau,
Courent aprés vostre ombre & l'aboyent sur l'eau.

Que maudit soit le iour que ie vous vis premiere
Cueillir parmi ces prez des fleurs auec ma mere!
Ie vous seruois de guide, ah, ie n'ay sceu depuis
Moy-mesme me guider, tant esgaré ie suis.

De teste & d'estomach ie deuins tout malade,
Mon œil deuient terni, ma couleur deuient fade,
Ma mere sceut mon mal qui iamais ne voulut
Tant seulement vous dire vn mot pour mon salut,
Si elle vous eust dit ma passion nouuelle,

peut estre qu'eußiez fait quelque chose pour elle.
　Hà que ie suis mary qu'en naiſſant ie ne pris
La forme d'vn poiſſon afin d'auoir appris
A bien nazer pour voir deſſous les eaux profondes
Quel plaiſir vous auez à iouer ſous les ondes!
Touſiours à pleines mains ie vous euſſe porté
Des roſes au Printemps, des œillets en Eſté,
Du ſafran en Automne, & non pas tout enſemble,
Mais comme la ſaiſon diuerſe les aſſemble.
Au-moins i'euſſe baiſé voſtre main & vos bras:
Car baiſer voſtre bouche il ne m'appartient pas.
Sortez de l'eau maiſtreſſe, & ſortant qu'on oublie
De plus s'en retourner, comme Amour qui me lie
Me fait icy pour vous ſur ce bord ſeiourner,
Oubliant vers le ſoir de plus m'en retourner:
Et ſouffrez deſormais, que ſans vous, le riuage
De ceſte grande mer ſoit batu de l'orage.
　Mieux vaudroit en mõ Antre auec moy demeurer
Pour faire du fromage & du laict preſſurer,
Tirer deuers le ſoir le pis aux vaches pleines,
Conduire les aigneaux par les herbeuſes plaines
Voir ſauter les chéureaux, coſſer les bouüillons,
Qu'habiter de la mer les ſterilles ſillons.
　Sortez de voſtre mer venez à la bonne heure
Habiter le ſeiour de ma douce demeure:
Vous ſerez à mes yeux plus blanche que les Lis,
Plus vermeille qu'œillets nouuellement cueillis,
Plus droite que le jonc, plus tendre & plus fleurie
Que n'eſt du mois d'Auril vne ieune prairie,
Qu'vn iardin arrouſé: qu'vn pré tondu de frais
Que l'ombrage en Eſté des eſpaiſſes forés.
　Si non vous me ſerez plus fiere ô Galatée,

Qu'vn aspic, qu'vne mer, qu'vne flame esuentée,
Plus fier que n'est vn Pan, plus volage que vent,
Plus fuyarde qu'vn Cerf que les chiens vont suiuant
Plus sourde qu'vn rocher, & plus fausse & menteuse
Que n'est de vostre mer l'apparence venteuse:
Si vous m'auiez pour vostre entre vos bras receu,
Vous viendriez heberger en mon Antre moussu.
    Ie suis riche en troupeaux soit à corne ou à laine,
Les vns errent aux bois, les autres en la plaine,
Les autres plus legers grimpent sur le rocher,
Et les autres s'en-vont sur les fleurs se coucher,
L'vn repose à l'estable, & l'autre dessous l'ombre:
Bref i'ay tãt de troupeaux que ie n'en sçay le nombre,
Aussi sans les conter ie sçay que tout est mien,
,, Pauure est celuy qui sçait le nombre de son bien.
    Ie trouuay l'autre iour le cauerneux repaire
D'vne Ourse bien peluë, & dedans vne paire
De petits Ourselets qui desia pourront bien
Se iouer auec vous sans auoir peur de rien,
Ils sont bien esueillez, peu farouches, & semblent
Estre freres bessons, tãt fort ils se resemblent,
Ie les trouuay pour vous, ie les vous garde aussi
S'il vous plaist de venir sur ceste riue ici
Me serrer en vos bras & pousser hors de l'onde
De vostre chef marin la belle tresse blonde,
Venez donq m'embrasser sans vouloir destourner
Vos yeux des beaux presents que ie vous veux donner.
Certes ie me cognois, ma face n'est difforme,
Ie prens plaisir extreme à contempler ma forme.
L'autre iour tout mon chef & mon corps ie lauay,
Quand la mer estoit calme, & beau ie me trouuay.
Si ma teste aux longs crins cõme vn taillis ombrage

Mon espaule & mon dos, en suis ie plus sauuage?
Si de crins espoißis mon estomac est plein,
Ne pensez que Nature ait rien fait de vilain.
Vn arbre n'est point beau sans espaisse fueillée,
Vn cheual sans longs crins, la laine entortillée
Fait belle la brebis, les plumes les oiseaux,
Longue barbe & long crin sont les hommes plus
    beaux.

    Ie n'ay qu'vn œil au front, le Soleil qui vous darde
Le iour de ses rayons d'vn seul œil nous regarde.
La Lune n'a qu'vn œil, ie n'ay qu'vn œil außi:
Compaignon du Soleil i'allege mon souci.
Adioustez d'autre part que Neptune est mon pere
Qui commande à vos eaux : vous l'aurez pour beau-
    pere
S'il vous plaist m'espouser, & si par amitié
De ce pauure Cyclope auez quelque pitié,
Qui ne trouue allegeance au mal qui le tourmente,
Sinon quand il vous void, ou bien quand il vous
    chante.

    Pauure Cyclope helas ! quelle fureur a pris
Fureur de trop aimer follement tes esprits?
Il vaudroit mieux penser à ton petit affaire,
Allaiter tes aigneaux & tes genices traire,
Et lacer tes paniers sur ce bord tout le iour,
Que d'estre sans rien faire à chanter de l'amour
Ou en aimer vne autre, ou feindre dans toymesmes
Que tu es bien aimé de celle que tu aimes.
Car feindre d'estre aimé ( puis que mieux on ne peut)
Allegue bien souuent l'amoureux qui se veut
Soy-mesmes se tromper, se guarißant la playe
Außi bien par le faux que par la chose vraye.

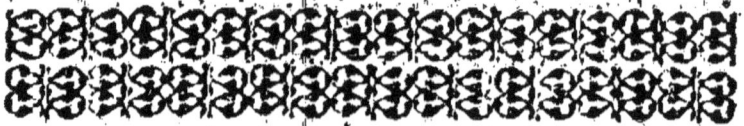

# ECLOGVE VI.

## SVR LA MORT DE MARGVERITE DE France, sœur du Roy François premier.

IEN-HEVREVSE & chaste
cendre,
Que la Mort a fait descendre
Dessous l'oubly du tombeau:
Tombeau qui vrayment enserre
Tout ce qu'auoit nostre terre
D'honneur, de grace & de beau.

Comme les herbes fleuries
Sont les honneurs des prairies
Et de Prez les ruisselets,
De l'orme la vigne aimée,
Des boccages la ramée,
Des champs les bleds nouuelets:

Ainsi tu fus, ô Princesse
( Ainçois plustost, ô Déesse )
Tu fus la perle & l'honneur
Des Princesses de nostre âge,
Soit en splendeur de lignage,

soit en biens, soit en boit-heur.

  Il ne faut point qu'on te face
Vn sepulchre qui embrasse
Mille termes en vn rond,
Pompeux d'ouurages antiques,
Et braue en piliers Doriques
Eleuez à double front.

  L'airain, le marbre, & le cuiure
Font tant seulement reuiure
Ceux qui meurent sans renom,
Et desquels la sepulture
Presse sous mesme closture
Le corps, la vie, & le nom.
Mais toy, dont la renommée
Porte d'vne aile animée
Par le monde tes valeurs,
Mieux que ces poinctes superbes
Te plaisent les douces herbes,
Les fontaines & les fleurs.

  Vous Pasteurs, que la Garonne
D'vn demy-tour enuironne,
Au milieu de vos prez vers,
Faites sa tombe nouuelle,
Grauez vn tableau sus elle
Du long cercle de ces vers:

  Icy la Royne sommeille
Des Roynes la nompareille
Qui si doucement chanta:
C'est la Royne MARGVERITE,
La plus belle fleur d'elite
Qu'onque l'Aurore enfanta.

Puis sonnez vos cornemuses,
Et menez au bal les Muses
En vn cerne tour-autour,
Soit aux iours de la froidure,
Ou quand la ieune verdure
Fera son nouueau retour.

   Aux rais cornus de la Lune,
Assemblez sous la nuict brune
Sur les bords d'vn ruisselet
Vos Nymphes & vos Dryades
Donnez-luy dix mille aubades
Au doux son du flageolet.

   Tous les ans soit recouuerte
De gazon sa tumbe verte,
Et qu'vn ruisseau murmurant
Neuf fois recourbant ses ondes,
De neuf torches vagabondes
Aille sa tombe emmurant.

   Dittes à vos brebiettes,
Fuyez-vous-en camusettes,
Gaignez l'ombre de ce bois:
Ne broutez en ceste prée,
Toute l'herbe en est sacrée
A la Nymphe de Valois.

   Dites qu'à tout iamais tumbe
La manne dessus sa tumbe.
Dites aux filles du ciel,
Venez mouches mesnageres,
Pliez vos ailes legeres,
Faites icy vostre miel.

   Dites leur, Troupes mignonnes

Que vos liqueurs seroient bonnes,
si leur douceur egaloit
La douceur de sa parole,
Lors que sa voix douce & molle,
Plus douce que miel couloit!

Dites que les mains quarées
N'ont pillé des lieux barbares
Telle MARGVERITE encor
Qui fut par son excellence
L'Orient de nostre France,
Ses Indes & son tresor.

Ombragez d'herbes la terre,
Tapissez-la de lierre
Plantez vn Cyprés aussi:
Et notez dedans à force
Sur la nouailleuse escorce
De rechef ces vers icy.

Pasteurs, si quelcun souhête
D'estre fait nouueau Poëte,
Dorme au frais de ces rameaux
Il le sera sans qu'il ronge
Le Laurier, ou qu'il se plonge
Sous l'eau des tertres jumeaux.

Semez aprez mille roses,
Mille fleurettes décloses,
Versez du miel & du laict:
Et pour annuel office,
Respandez en sacrifice
Le sang d'vn blanc aignelet.

Faites encor' à sa gloire
(Pour en fester la memoire)
Mille ieux & mille esbats:

Vostre Royne saincte & grande
Du haut ciel vous le commande
Pasteurs n'y faillez donc pas.
    Iô,iô MARGVERITE
Soit que ton esprit habite
Sur la nuë ou dans les champs
Que le long oubly couronne,
Oy ma Lyre qui te sonne,
Et favorise mes chants.

# Fin des Eclogues.

# SONNET.

Mascarade & Cartels ont prins leur nourriture,
L'vn des Italiens, l'autre des vieux François,
Qui erroient tous armez par deserts & par bois,
Accompagnez d'vn Nain cerchant leur auenture.
L'honneur des nobles cœurs genereuse poincture,
Les faisoit par Cartels desfier aux tournois:
(Ou nuds en vn duel, ou armez du pauois)
Ceux qui forçoient les loix, le peuple & la droicture,
L'accord Italien quand il ne veut bastir
Vn Theatre pompeux, vn cousteux repentir,
La longue Tragedie en Mascarade change.
Il en est l'inuenteur: nous suiuons ses leçons,
Comme ses vestemens ses mœurs & ses façons,
Tant l'ardeur des François aime la chose estrange.

# A TRES-ILLVSTRE ET

## MAGNANIME PRINCE,

## Henry de Lorraine, Pair de France, & Duc de Guise.

P**Rince, dont le vieil sang des Rois de France part,**
(Puis que tu as esté la plus gaillarde part
De ces Tournois Cartels & Mascarades, pleines
De ieunesse & d'Amour & d'honorables peines,
Comme estant de Venus & de Mars bien chéry,
Et entre les Lauriers dés le berceau nourry,
Que ton pere t'acquist, te laissoit en partage
Et à toute ta race vne ardeur de courage
De vouloir imiter ses faicts victorieux,
Ou bien les egaler, ou bien de faire mieux)
Pren d'vn bon œil ce Liure, & desormais endure
Qu'on inuoque ton Nom, ou soit par Escriture
Appenduë à ton Temple auprès de ton Castor,
Soit par vœux solennels escrits en lettres d'or,
Afin que par les ans ne soient point estoufees
Les vertus des Lorrains, illustres de trophees,
Dont l'honneur & le bruit ne trouuent leur pareil,
Non plus que sans pareil au monde est le soleil.

# LES MASCARADES,

## COMBATS ET CARTELS,

faicts à Paris au Carnaual de
Fontaine-bleau.

Dediez à tres-vertueux, tres-victorieux,
& tres-magnanime Prince, Henry de
Lorraine, Duc de Guise, & Pair de Frāce.

## CARTEL I.

*Pres auoir pour l'Amour combatu,*
*Suiuant le train d'hōnēur & de vertu,*
*Et fait sçauoir d'vne main valeureuse*
*Quē peut l'ardeur d'vne flamē amou-*
reuse:
*Apres auoir les Dames sçeu vanger,*
*Et trauersé maint pays estranger:*
*Plein de ieunesse & d'amitie loyale*
*Ie viens d'Irlande en ceste Cour Royale,*
*Où de tout temps on void de toutes pars*
*Des Cheualiers aussi vaillans que Mars.*
*Amour qui peut les plus vaillans contraindre,*
*Ne m'a conduit ici pour me contraindre,*
*Pour accuser ses traits où sa rigueur,*

Car son bel arc n'offence point mon cœur,
Ny le souci qui fait naistre les larmes,
De larges pleurs ne baignent point mes armes.

Vertu qui est nourrice de mon feu,
M'a tellement d'vne Dame pourueu,
Qu'en la seruant ie ne veux autre attente:
De ses beaux yeux sans plus ie me contente

En desirant ie ne desire rien,
Ne iouyssant ie iouys de mon bien,
Tout mon parfait habite en ma parfaite,
Ma volonté de son vouloir est faite.

Ie vis en elle, elle vit dedans moy,
Ce n'est qu'vn cœur, qu'vne ame & qu'vne foy,
Et qu'vn esprit qui tient liez ensemble
Vn double corps, qui du tout se resemble:
Elle est heureuse, & ie suis bien-heureux,
Et bien-aymé ie suis bien amoureux.

En son penser vit tousiours ma pensée,
Son ame en moy, la mienne en soy passée
Fait que cherchant ie me trouue en ses yeux,
Et m'y trouuant ie ne cherche pas mieux.

Ainsi Amour qui a toute puissance,
Fait de nos cœurs & de nous vne essance:
Car ie ne veux pour mon contentement
Sinon l'aimer & la voir seulement
Et l'honorer comme chose tressaincte.

Et c'est pourquoy ie n'ay point l'ame attainte
De triste ennuy comme vn tas d'amoureux
Qui sans espoir sont tousiours langoureux.

Donc si quelqu'vn de la troupe veut dire
Que la beauté dont la grace m'attire,
Toutes beautez ne surpasse d'autant

Que desur tous ie m'estime contant,
Vienne au combat tenter mà hardiesse:
Auant partir il faudra qu'il confesse
Que rien n'approche au pris de sa beauté,
Ny nulle soy pres de ma loyauté.

## CARTEL II.

Yant l'œil triste & pesant le sourci,
i'ay mille fois tout rempli de souci,
Entre les bois les monts & les riuages
Conté ma plainte aux bestes plus
    sauuages,
Eschaufant l'air de souspirs amoureux,
Pensant au bien qui me fait malheureux.
Il n'y a bois ny roche tant soit dure,
Antre, desert, ny ruisseau, ny verdure
Las! qui ne soit tesmoin bien asseuré
Du mal que i'ay si long temps enduré.
Mais cognoissant que les roches desertes,
Antres & monts, & hautes forests vertes,
(Comme n'ayans ny cœur ny sentiment)
N'auoient pouuoir d'entendre mon tourment:
Ie viens des bois aux hommes pour me faire
Entendre d'eux, qui seuls de mon affaire
Peuuent iuger blasmant la cruauté,
D'vne si ieune & parfaite beauté.
Quelle asseurance est seure entre les Dames,

Si leur donnant le sang, le corps, les ames,
Si leur prestant & faueur & support,
Pour recompence on n'a rien que la mort.

O sexe ingrat & remply de malice,
Indigne helas qu'on luy face seruice !

O fier destin ! ô ciel infortuné !
Pourquoy m'as-tu cruellement donné
Pour me tuer, vne Dame si belle ?
Elle sçait bien que ie languis pour elle,
Que ie l'adore & que ie l'aime mieux
Cent mille fois que ie ne fais mes yeux,
Mon cœur, mon sang : car ie n'ayme ma vie
Sinon d'autant qu'elle en sera seruie.

Douce beauté qui fais honte au Soleil,
Regarde vn peu mon trauail nompareil,
Ne sois ensemble & si belle & si fiere :
,, Toute rigueur s'amollit par prieres,
,, Tout gentil cœur s'eschauffe d'amitié :
Sois donc plus douce & prens de moy pitié,
Garde toy bien que Dieu ne te punisse :
,, L'ingratitude est vn horrible vice,
,, Vice cruel meschant, & malheureux,
,, Et non logeable en vn cœur genereux,

Las ! si ma foy, si ma douleur extrême,
Si t'aimer plus mille fois que moy-mesme,
Si mes souspirs, mes plaintes, & mes pleurs
Pour recompense ont cent mille douleurs,
Mauuaise chere, esperances trop vaines,
Refus, desdains, paroles incertaines,
Et vn propos non iamais asseuré,
Et vn espoir qui est desesperé :
Si i'ay senti les ruses dont les femmes

Sçauent tromber les plus gentilles ames,
Ie veux mourir pour ne nourrir au cœur
Plus longuement vne telle langueur:
» Car par la mort l'ennuy se peut desfaire.

Et toutes fois la mort ne sçauroit faire
Que ie n'honere & prise mon trespas,
Et qu'aux espoits ie ne conte là bas
Que la beauté pour qui ie meurs, est telle
Qu'on n'en void point au monde de plus belle.

Donq si quelqu'vn veut soustenir ici
Que la douleur où ie suis endurci,
Ne vaille mieux que toute iouyssance,
Vienne au combat esprouuer ma puissance:
Ie souftiendray que telle cruauté
Me rend heureux pour si grande beauté.

# CARTEL III.

LE renom des Cheualiers François,
Et la vertu des magnanimes Rois,
Dont vous tirez vostre race si belle,
N'eussent voulu de tout temps souftenir
Les affligez vous ne voirez venir.
Vers vous ici crste humble Damoiselle:

Laquelle vient Sire, vous requerir
De nous vouloir au besoin secourir,
Nous redonnant la liberté rauie

Et pour auoir de nous compaßion,
Vous plaise ouyr de quelque oppreßion
Vn fier tyran tourmente nostre vie.

D'illustre sang & d'antique maison
Fusmes deux sœurs qui viuons en prison,
En bonne grace & en vertus parfaites:
Heureuses las!si nous eußions porté
Desur le front tänt de ieune beauté,
Et si le Ciel plus laides nous eust faites!

Nostre beauté nous a fait vn grand tort:
Car pour auoir trop de beautez,trop fort
D'vn grand Tyran helas!sommes aymées,
Qui ne pouuant nos chastetez forcer,
Son trop d'amour en haine à fait paſſer,
Nous retenant en prison enfermées.

Ce glorieux d'Arcalaüs yßu,
Par artifice edifier a sçeu
Vne grand tour inaccessible & forte,
Où il nous fait cent mille maux sentir,
Et pour n'auoir liberté de sortir,
Deux cheualiers à mis deuant la porte.

Or nous auons par Vrgande entendu
Que le malheur deſſus nous deſcendu,
Et la miſere où nostre vie abonde,
Ne se perdra sinon par les efforts
De deux guerriers ieunes courtois & forts,
Enfans d'vn Roy le plus vaillant du monde.

Et pour-autant Sire,que la vigueur
Qui de proüeſſe allume vostre cœur
Et celle aussi de Henry vostre frere
Vous font ensemble & vaillans & courtois,
Nous eſperons qu'en restans le hardis

Tous deux pourrez l'entreprise parfaire.
Et ne pourront ces deux grands Cheualiers,
Bien qu'on les vante aux armes les premiers
Vous resister que n'ayez la victoire
Digne du lieu dont vous estes venus:
Ainsi serez par le monde cognus
Deux grands guerriers pleins de force & de gloire.

## CARTEL IIII.

Emeure Cheualier, & en la mesme place
Arreste ton cheual & retiens ton audace:
Car soit que la fortune, ou soit que le malheur,
Ou soit que le desir d'esprouuer ta valeur
Te meine à ce Chasteau, entens les auchtures
Que tu dois acheuer, difficiles & dures.
Encores que tu sois vaillant & martial,
Si tu n'es Cheualier à ta Dame loyal,
Tu ne pourras passer vne arche qui se treuue,
Où la fidele amour des Cheualiers s'espreuue.
Donques de passer outre essayer il ne faut,
Si la ferme amitié dans le cœur te defaut,
Et si parfaitement celle tu n'as seruie
Que tu deuois tenir plus chere que ta vie.
Ce Chasteau que tu vois n'a seulement le mur
Sauuage soutaire inaccessible & dur,

E

Mais il est par dedans encore plus terrible,
Plein de peur & d'effroy & d'vne crainte horrible
De fantômes, d'esprits & de brasiers ardans:
Toutefois agreable à ceux qui sont dedans,
Autant que par dehors à tous il est estrange.

Six vaillans Cheualiers d'eternelle louange,
Fauorisez de Mars, ieunes auantureux,
Magnanimes & forts & loyaux amoureux,
Le gardent nuict & iour, & d'vne estrange sorte
Contre tous assaillans en defendent la porte.

Or toy quiconque sois, animé de vertu,
Qui as en mille lieux pour l'amour combatu,
Regarde en quel danger follement tu te iettes,
Et au prix de ta vie où repentir n'achettes,
Regarde Cheualier, auant que t'esprouuer,
Le moyen d'en sortir si tu en peux trouuer.
Voy le camp plein de sang de tant de forts gendarmes,
Bordé de tous costez de toutes sortes d'armes,
Piques, haches, poignards: de toutes tu prendras
Pour venir au combat celle que tu voudras,
A cheual & à pied esprouuant ta prouesse
Contre vn des six, aimé d'amour & de ieunesse.

Or si tu es veincu, l'Amant victorieux
Portera pour trophé hautain & glorieux,
Ta despouille à sa Dame: & si ton bras surmonte
Tu porteras la sienne à celle qui te donte:
Et ton corps enchaisné prisonnier demourra,
Qui sans pouuoir mourir cent mille fois mourra.

I'ay veu maints Cheualiers dont la fiere asseurance,
Les gestes & le port donnoient quelque esperance
D'efforcer le Chasteau, qui en fin s'en reuont
Remportans pour l'honneur la honte sur le front,

Et en lieu de la gloire, hà! recompense rude,
De libres chevaliers sont mis en servitude,
Et tousiours abaissant vers la terre les yeux
N'osent plus regarder leur Dame ny les cieux.

Ce Chasteau que tu vois par armes n'est forçable,
Par fraude ou par surprinse : il est inuiolable,
Il l'a tousiours esté, & le sera tousiours,
Comme estant le seul fort des fidelles amours.

Pource mon Cheualier arreste ta furie,
Et par le sang d'autruy sois sage ie te prie,
Ne combas point, à fin que n'estant le plus fort
T'achetes vne honte aux despens de la mort,
Ou pense bien deuant qu'essayer l'entreprise:
„Trop tard on se repend quand la faute est commise.

# LE TROPHEE D'AMOVR
## A LA COMEDIE DE
### Fontaine-bleau.

E suis Amour le grand maistre des
Dieux,
Ie suis celuy qui fait mouuoir les
Cieux,
Ie suis celuy qui gouuerne le monde,
Qui le premier hors de la masse esclos
Donnay lumiere & fendi le Chaos
Dont fut basti ceste machine ronde.

Rien ne sçauroit à mon arc resister,

Rien ne pourroit mes fleches euiter,
Et enfant nud ie fais touſiours la guerre:
Tout m'obeyſt les oiſeaux eſmaillez,
Et de la mer les poiſſons eſcaillez,
Et les mortels heritiers ſur la terre.

La paix la tréue, & la guerre me plaiſt,
Du ſang humain mon appetit ſe paiſt,
Et volontiers ie m'abreuue de larmes:
Les plus hautains ſont pris à mon lien,
Le corſelet au ſoldart ne ſert rien,
Et le harnois ne defend les gend'armes.

Ie tourne & change & renuerſe & desfais
Ce que ie veux, & puis ie le refais,
Et de mon feu toute ame eſt eſchaufée:
Ie ſuis de tout le Seigneur & le Roy:
Rois & ſeigneurs vont captifs deuant moy,
Et de leurs cœurs i'enrichis mon trofée.

De Iupiter le Sceptre i'ay donté,
Iuſqu'aux enfers i'ay Pluton ſurmonté,
Et de Neptune ay bleſſé la poitrine:
De rien ne ſert aux ondes la froideur,
Que les Tritons ne ſentent mon ardeur,
Et que mon feu n'embraſe la marine.

La volupté, la ieuneſſe me ſuit,
L'oiſiueté en pompe me conduit,
Ie ſuis aueugle & ſi ay bonne veuë,
Ie ſuis enfant & ſuis pere des Dieux,
Foible, & puiſſant, ſuperbe, & gracieux,
Et ſans viſer ie frappe à l'impourueuë.

L'homme eſt de plomb, de rocher & de bois,
Qui n'a ſenti les traits de mon carquois:
Seul ie le fais & courtois & adeſtre:

Les cœurs sans moy languissent refroidis,
Ie les rends chauds, animez & hardis,
Et bref ie suis de toute chose maistre.
    Qui ne me void, au monde ne void rien:
Ie suis du monde & le mal & le bien,
Ie suis le doux & l'amer tout ensemble,
Ie n'ay patron ny exemple que moy.
Ie suis mon tout, ma puissance & ma loy.
Et seulement à moy seul ie resemble.

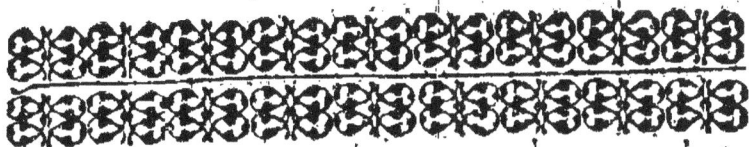

# LE TROPHEE DE LA
## CHARITE EN LA
### mesme Comedie.

Pour mon Trophee en ce char triomphant
Pris & captif ie meine cest Enfant
Qui des mortels a surmonté la gloire:
    Ie vous diray comme ie l'ay veincu
Par la vertu d'vn merueilleux escu
Qui de ce Dieu m'a donné la victoire.
    Amour voyant que seule entre les Dieux
I'auois vn trait du sien victorieux,
Et que du tout ie n'estois sa suiette,
Pour me donter prist l'arc en vne main,
Le feu dans l'autre, & m'assaillant en vain,
Perdit d'vn coup sa flame & sa sagette.

Pour refister à ce Prince animé
D'vn fort bouclier l'eftomac ie m'armé,
Fait de conftance & de perfeuerance,
Où l'Amoureux au trauers fe miroit,
Et tellement iufqu'en l'ame efclairoit,
Qu'il cognoiffoit d'vn regard fon offenfe.

Voulant fon arc contre moy defcocher,
Trouua l'efcu auffi dur qu'vn rocher
Tout à l'entour enuironné de glace,
Qui de fon arc la puiffance amortit,
Et fon ardeur en froideur conuertit,
Et tous fez traits brifa defur la place.

Lors le voyant fans armes & tout nu,
Pour prifonnier ie l'ay depuis tenu,
Et le menant deuant mon char en pompe:
Et par defpit i'ay caffé fon carquois,
Eftaint fon feu, rompu fon arc Turquois:
C'eft bien raifon que le trompeur on trompe.

# MASCARADES FAI-
## TES A BAR-LE-DVC.

## LES QVATRE ELEMENS
### parlent au Roy.

### LA TERRE

IE t'ay donné, Charles, Roy des Fran-
çois,
Non pas vn fleuue, vne ville ou vn
bois,
Mais en t'ouurant ma richesse fe-
conde,
De tous les biens que i'auois espargné
Depuis mille ans, ie t'ay accompagné
Pour estre fait le plus grand Roy du monde.

### LA MER.

AVtant que i'ay d'escumes & de flots
Lorsque les vents cheminent sur mon dos,
Et que le Ciel à Neptune fait guerre,
Autant de force & d'honneur i'ay donné
A ce grand Prince heureusement bien-né,
Pour estre Roy le plus grand de la terre.

### L'AIR.

IE nourris tout, toutes choses i'embrasse,
Et ma vertu par toute chose passe,
Ie serre tout, ie tien tout en mes mains:
Et tout ainsi que de tout ie suis maistre,
Pour commander au monde i'ay fait naistre
Ce ieune Roy le plus grand des humains,

F iiij

## LE FEV.

CE que i'auois de clair & de gentil,
De prompt, de vif, de parfait, de subtil,
Ie l'ay donné à Charles Roy de France,
Pour illustrer son Sceptre tout ainsi
Qu'on void le ciel de mes feux esclairci,
Et que Dieu mesme a de moy son essence.

# LES QVATRE PLA-
## NETTES RESPONDENT.

### LE SOLEIL.

CE n'est pas toy Terre, qui ce grand Roy
As tant rempli de puissance, c'est moy
De qui l'aspect aux Rois donne la vie,
Et peut leur sceptre en gloire maintenir:
Donc si tu veux ton dire soustenir,
Vien au combat, ici ie te desfie.

### MERCVRE.

IE donne aux Rois l'aduis & la prudence,
Et le conseil qui passe la puissance,
Comme i'ay fait à Charles ce grand Roy
Pour gouuerner la terre vniuerselle:
Et si la Mer veut dire que c'est elle,
Ie dy que non, soustenant que c'est moy.

### SATVRNE.

IE fais long temps les Royaumes durer,
Et les grands Rois longuement prosperer,

Quand d'vn bon œil i'esclaire à leur naissance,
Comme à ce Roy que i'ay fait de ma main,
Et non pas l'Air mol variable & vain:
S'il le soustient, qu'il se mette en defense.

## MARS.

IE fais les Rois valeureux & guerriers,
Et sur leur front ie plante les Lauriers,
Quand en naissant mon flambeau leur esclaire:
Le feu n'a fait vn Prince si gentil:
Car le feu est de nature infertil,
Et s'il le dit ie soustiens le contraire.

# LE IVGEMENT DE
## IVPITER.

APpaisez-vous, ne iouez plus des mains
Vous Elemens & vous quatre Planetes
Qui sous mon Sceptre aussi humble vous estes
Que dessous vous sont humbles les humains.
I'ay, non pas vous, par mes propres deins ssa
Mis en ce Roy tant de vertus parfaites
Pour gouuerner les terres qui i'ay faites;
,, Car du grand Dieu les œuures ne sont vains,
Et bien qu'il soit encore ieune d'âge,
Dés maintenant ie veux faire vn partage
Auecque luy de ce Monde diuers:
I'auray pour moy les Cieux & le Tonnaire,
Et pour sa part ce Prince aura la Terre:
Ainsi tous deux partirons l'Vniuers.

## STANCES A CHANTER
### SVR LA LYRE, POVR L'Auant venuë de la Royne d'Espaigne à Bayonne.

### I.

Oleil, la vie & la force du monde,
Grand œil de Dieu, Soleil peré du
  iour,
Mõpte à cheual & tire hors de l'onde
Ton char qui fait pour nous trop de sciour:
Haste ton cours & en France accompagne
L'autre beau iour qui reluit en Espaigne.

### II.

Lune ornement & l'honneur du silence,
Qui par le Ciel erres en cent trauaux,
Retien la nuict & arreste la dance
Des Astres clairs conduits par tes cheuaux:
Fay place au iour dont le bon-heur assemble
Fils, mere & fille & deux Sceptres ensemble.

### III.

Il ne faut point qu'au iour de la venuë
Le Soleil luise, vn autre iour viendra,
Qui de l'Europe esclaircira la nuë,
Et tout le monde en lumiere tiendra,
Tant les vertus du fils & de la mere
Et de la fille espandront de lumiere.

### IIII.

O siecle heureux & digne qu'on l'appelle
Le siecle d'or si onque en fut aucun,
Où l'Espagnol d'vne amitié fidelle
Aime la France, & les deux ne sont qu'vn:
C'est vn plaisir qu'en l'esprit il faut prendre,
Le corps n'est pas digne de le comprendre.

Le Ciel despit de si belle assemblée,
Comme ialoux s'en vouloit irriter:
Ayant de l'air la fureur redoublée,
Faisoit gresler & plenuoir & venter:
Le mois de Iuin qui desire la gloire
De telle venë a gaigné la victoire.

### VI.

Parmi les champs croissent les fleurs descloses,
Car telle venë est digne du Printemps:
Entre les lis, les œillets & les roses
Elle doit estre & non en autre temps
Comme les fleurs croissent en nos prouinces,
Ainsi croistra l'amitié de ces Princes.

### VII.

L'autre Printemps la Royne vid sa fille,
Et ce Printemps son autre elle verra:
Vne est desia la mere de famille,
L'autre bien tost d'vn beau fils le sera:
En-ce-pendant sa France elle visite,
Et par exemple à bien faire l'incite.

### VIII.

Vn Astre heureux, ô Royne te fist naistre:
Car seulement tu n'es mere d'vn Roy,
Qui des François tient le Septre en la destre,

F vj

Et d'vn grand Duc qui promet tant de soy:
Mais tu és seule entre tant de Princesses
Mere de Rois de Roynes & Duchesses.

### IX.

Par les chemins où passeront les Dames,
Naistront les fleurs & les ruisseaux prendront
Le goust de miel, les odeurs & les bâmes,
Et les parfums par les champs s'espandront:
Dessous leurs pieds la campaigne arrosée
S'esiouyra de manne & de rosée.

### X.

Le vent tiendra son haleine endormie,
Vulcan és mains n'aura point de marteaux:
Tant seulement auec Flore s'amie
Zephyre ira parmiles prez nouueaux:
Tout sera plein de ioye & d'allegresse
A l'arriuer d'vne telle Princesse.

### XI.

La charité & l'amour maternelle
Se desf'ront d'vn combat genereux,
La mere ayant ses enfans autour d'elle,
Et les enfans leur mere à l'entour d'eux:
Cest passion qui si fort nous enflame,
Qu'on ne peut dire & qu'on sent dedans l'ame.

### XII.

Si le Lion & le Tigre effroyable
Par les rochers desirent voir leurs fans,
Hà, combien donc l'homme plus raisonnable
Doit desirer de reuoir ses enfans!
Qui fuit les siens, est digne qu'on le nomme
Vn monstre fier sous la forme d'vn homme.

### XIII.

Chasse la nuict & te monstres Aurore,
Et de la mer apportes en ton sein
Le iour heureux que par penser i'honore
Comme propice à tout le genre humain:
Puis vole au Ciel & d'vn aile legere
De ce beau iour sois aux Dieux messagere.

### XIIII.

Hà le voici, ia voici la barriere
Du iour déclose & le ciel s'espanir.
Sus enuieux reculez vous arriere,
Ce n'est pour vous que ce iour doit venir,
Qui d'vn nœud ferme estreindra l'alliance
Plus que iamais de Castille & de France.

# LES SEREINES REPRE-
## SENTEES AV CANAL
## de Fontaine bleau.

## La premiere parle.

E l'immortel les Rois sont les en-
fans,
Ils ont par luy leurs Lauriers tri-
omphans,
Ils sont par luy reuerez en la terre,
Ils ont de Dieu le portrait sur le front,
Dieu les inspire, & tout cela qu'ils font

Vient du grand Dieu qui darde le tonnerre.

Or ce grand Prince à l'exemple de soy
Fist pour miracle en France naistre vn Roy,
Dont la semence à nulle autre seconde
Estoit parfaite, & comme le Soleil
Qui de clarté ne trouue son pareil,
Vesquit sans pair, tant qu'il vesquit au monde,

Ce fut Henry de tous biens accompli,
D'vne ame viue ayant le corps rempli,
Semblable aux Dieux de façons & de gestes:
Son esprit fut embelli de vertu:
Car en naissant du Ciel il auoit en
Tout le bon-heur des lumieres celestes.

Il fut en guerre vn Prince tres-vaillant,
Soigneux, actif, diligent & veillant:
Voire & sembloit que Mars luy fist seruice,
En temps de paix son peuple corrigeoit,
Chassoit le mal de sa terre, & logeoit
Par les citez la crainte de Iustice.

Or tout ainsi comme il estoit parfait,
Tel comme luy son peuple s'estoit fait,
Vertu regnoit par toute sa contrée,
Qui d'vn chacun le rendoit honoré,
Et bref c'estoit le bel âge doré
Où fleurissoit Saturne auec Astrée.

Pour faire honneur à vn siecle si beau,
( Qui ressembloit à ce monde nouueau
Quand nos ayeuls n'estoient tels que nous sommes)
Apparoissoient les Nymphes & les Dieux,
Et sans auoir vn voile sur les yeux,
Ne desdaignoient la presence des hommes.

Par les forests les Syluains habitoient,

Faunes & Pans aux bocages chantoient,
Et sur les monts dansoient les Oreades:
La mer auoit son Glauque & son Neptun,
Desur les bords venoit iouër Portun,
Et les ruisseaux abondoient des Naiades.

    Mais quand le Ciel qui ne se peut flechir
Par nos souspirs, se voulut enrichir,
O Ciel cruel ! de la mort d'vn tel Prince,
Le monde fut despoüillé de bon-heur,
Fut déuestu d'ornement & d'honneur,
Et la vertu laissa nostre Prouince.

    En lieu de paix, d'amour & de bonté
Vint la malice au visage eshonté,
Haines, discords & factions de villes:
Desir de sang les hommes fist armer,
L'ambition apres vint allumer
Le grand brazier des querelles ciuiles.

    Le peuple adonc transporté d'appetit,
Tout insensé d'armes se reuestit:
Lors la raison dessous les pieds fut mise:
Bref le François par sa desloyauté
De son pays arracha la beauté,
Comme vn iardin saccagé de la Bise.

    Alors les Dieux d'vn tel fait desplaisans,
Voyans la Royne & ses fils en bas ans
De tous costez tourmentez de la guerre,
Pour ne soüiller leurs yeux en regardant
Le sang versé dessous le fer ardant,
Par grand despit se cacherent sous terre.

    L'vn s'enferma dans le creux d'vn rocher,
L'autre s'alla dans vn arbre cacher,
L'autre en vn antre, & l'autre sous les ondes.

Ainsi que nous, qui depuis ce temp-là
Que le malheur d'ici nous exila,
N'auions au Ciel monstré nos tresses blondes,
Sinon ce iour de long temps attendu,
Où Charles Roy de Henry descendu,
Vray heritier des vertus de son pere
Desur son peuple a maintenant pouuoir:
Et c'est pourquoy nous venons ici voir
Ce ieune Prince en qui la France espere.
Nous venons donc, ô Roy selon raison
Te saluer en la belle maison
Que ta largesse à ton frere a donnée:
Où s'il te plaist, pour te rendre plus seur
De l'auenir, oy les vers de ma Sœur,
Qui va chanter toute ta destinée.

# PROPHETIE DE LA
## seconde Sereine.

Prince heureusement bien-né,
Qui fus benit dés ta naissance
Par l'Eternel, qui t'a donné
Toutes vertus en abondance:
Crois crois, & d'vne maiesté
Monstre toy le fils de ton pere,
Et porte au front la chasteté
Qui reluit aux yeux de ta mere.
Car en estant comme tu es

Aux vertus nourri des ieunesse,
Tu passeras tous les mortels
De bon esprit & de prouësse.

La France se peut asseurer
De se voir soudain estrenée
Des honneurs qu'on doit esperer
D'vne Royauté si bien née.

Et bien qu'on puisse appercevoir
Par les rayons de ta lumiere,
L'heureuse fin que doit auoir
Vn fils nourri de telle mere:

Si veux-ie encor pour l'auenir
(Des destins Prophetes nous sommes)
T'ouurir ce qui ne peut venir
En la cognoissance des hommes.

Non seulement pacifiras
Du tout la France discordante,
Mais plus que iamais la feras
De biens & d'honneurs abondante.

Et menant en guerre auec toy
Ton frere appuy de tes loüanges,
Veinqueur des Rois le feras Roy
De maintes nations estranges.

Sous toy la malice mourra,
L'erreur la fraude & l'impudëce,
Et la mensonge ne pourra
Resister deuant sa prudence.

Puis ayant vescu comme il faut
Despouilleras le mortel voile,
Et pres de ton pere là haut
Tu seras vne telle estoile.

Et toy mere resiouy toy,

Mere sur toutes vertueuse,
Qui as nourrice ieune Roy
D'vne prudence si soigneuse:
   Bien tost auras de tes trauaux
Le loyer que le ciel te donne,
Quand tu verras tous ses vassaux
S'humilier sous sa Couronne.

   Et toy son frere en qui respand
L'Astre son heureuse influence,
Ta force & grandeur ne depend
Qu'à luy porter obeyssance.

   Ton auantage vient du sien,
Ta gloire sans la sienne est vaine,
Ton bien procede de son bien,
Comme vn ruisseau de sa fontaine.

   Viuez donc amiablement,
Faisons vos noms par tout espandre,
Viuez tous trois heureusement
Charles, Catherine, Alexandre.

## CHANSON RECITEE
### par les Chantres.

A Dieu ressemblent les Rois,
Qui sous l'ordre de ses lois
Le cours des Astres enserre,
Parfait, sans fin, sans milieu:
A l'exemple du grand Dieu
Les Rois gouuernent la terre.

Ils ne sont egaux d'honneurs,
Les vns sont pauures Seigneurs
Ou d'vne Isle infructueuse,
Ou d'vn lieu chaud & mal-sain:
Mais le nostre est souuerain
D'vne terre bien-heureuse.

Sous luy sont mille citez,
Peuples en guerre vsitez
Forests, campagnes, vallées,
Et fleuues au large front,
Qui bruyant, Charles, s'en-vont
Fendre les plaines salées.

Luy chassant les estrangers,
Sauuant les siens des dangers
A rendu sa France viue,
A tué Mars son meurdrier,
Faisant naistre d'vn Laurier
Les beaux rameaux de l'Oliue.

Charles des Rois est le grand,
C'est le grand Roy qui respand.

Sur la France sa lumiere,
Qui croist ieune, fort & beau
Comme vn clair soleil nouueau
Qui va prendre sa carriere.

   Quand Iupiter maria
Sa Thétis, il conuia
Les plus grans Dieux à la feste,
Pallas, Mercure, Appollon,
Neptune & Mars tout sellon
Que mur ny ville n'arreste.

   Tout ce que les Cieux pouuoient,
Tout ce que les Dieux auoient
De richesse & d'excellence,
Fut ce iour en appareil:
Mais rien ne se veid pareil
Au grand Monarque de France.

   Iò la paix nous chantons,
Et de Charles nous vantons
Le Sceptre inuincible & riche:
Nous rechantons sa douceur,
Sa mere, freres, & sœur,
Et son espouse d'Austriche.

# COMPARAISON DV SO-
## LEIL ET DV ROY, RE-
### citée par deux joüeurs
### de Lyre.

**I**

L E Soleil & noſtre Roy
Sont ſemblables de puiſſance:
L'vn gouuerne deſſous ſoy
Le Ciel, & l'autre la France.

**II.**

L'vn du Ciel tient le milieu,
Des Aſtres clairté premiere:
Et l'autre comme vn grand Dieu
Aux terres donne lumiere.

**I.**

L'vn n'eſt iamais offenſé
D'orages ny de tempeſte:
L'obſcur eſt touſiours percé
Des beaux rayons de ſa teſte.

**II.**

L'autre a touſiours combatu
Les guerres & les enuies,
Et fait ſentir ſa vertu
Aux puiſſances ennemies.

**I.**

L'vn eſt autheur de la paix
Chaſſant le diſcord du monde,
Illuſtrant de ſes beaux rais

La terre, le ciel & l'onde.

## II.

Et l'autre ayant du discord
La puissance rencontrée,
A mis les guerres à mort,
Et la paix en sa contrée.

## I.

Tout Astre prend du Soleil
Sa lumiere tant soit haute:
Car c'est l'Astre nompareil
Liberal sans auoir faute.

## II.

Du Roy vient force & vigueur,
Honneur & grandeur royale,
Et tout homme de bon cœur
Cognoist sa main liberale.

## I.

Le Soleil est couronné
De feux qu'en terre il nous darde,
Et tout Astre bien tourné
Nostre bon Prince regarde.

## II.

De nostre Roy la grandeur
Pareil au Soleil ressemble,
Qui iette plus de splendeur
Que les estoiles ensemble.

## I.

Bref le Soleil esclairant
Par tout, qui point ne repose,
De Charles n'est differant
Seulement que d'vne chose.

II.

C'est que le Soleil mourra
Apres quelque temps d'espace,
Et Charles au Ciel ira
Du Soleil prendre la place.

# CARTEL POVR LE ROY,
## Charles ix. habillé en forme
### de Soleil.

Omme le feu surmonte toute chose
Qui deuant luy pour resister s'oppose,
Ainsi du fer de mon glaiue pointu
Tout Cheualier à terre est abatu:
Les plus vaillans redoutent ma puissance,
Et la mort pend sur le bout de ma lance.
Amour me pousse errant de toutes pars
Pour essayer les fortunes de Mars,
Et de mon nom remplir la terre & l'onde,
Pour auoir place en ceste Table ronde,
Où les vieux Preux autrefois auoient eu
Vn lieu d'honneur, loyer de leur vertu.
Or desdaignant les hazards de la guerre
Comme donteur des monstres de la terre,
Par haut desir au Ciel ie suis monté,
Où du Soleil i'ay l'habit emprunté,
Afin de faire aux estoiles celestes
Comme aux mortels mes vertus manifestes.
Donc si queiqu'vn soit d'enhaut ou d'embas,

Veut esprouuer ma puissance aux combas,
S'adresse à moy, ie luy feray cognoistre
A coups ferrez combien poise ma destre,
En l'vniuers ne trouuant mon pareil,
Qui passeroit de vertu le Soleil.

# CARTEL FAIT POVR
## vn combat que fist le Roy en l'Isle du Palais.

E fort Soleil ne s'offense des nuës,
Ny mes vertus par la terre cognuës
N'ôt iamais peur des combats outrageux,
C'est mon desir, mes esbats & mes ieux
Que de porter sur le dos la cuirace,
Mon ennemy renuerser sur la place,
Et bien brosser le destrier aux tournois
En cent façons esclater le long bois,
Et de gaigner le pris à la carriere,
Et d'estre seul veinqueur en la barriere.
　　Et si quelqu'vn par vn combat nouueau
Veut essayer ma puissance sur l'eau,
Il sentira qu'autant ie sçay de guerre
Dessus les eaux comme dessus la terre.
　　Ie suis errant vagabond estranger,
Qui vais cherchant en tous lieux la danger,
A fin qu'au monde en armes on me voye,
Suyure vertu par tout honneste voye,
Mon ennemy (auant que le Soleil

Tombe

Tombe en la mer ) de son sang tout vermeil,
A son malheur me pourra bien cognoistre,
Portant au dos les marques de ma destre.

Il ne verra mon courage faillir,
Et l'assaudray en lieu de m'assaillir,
Pour retrancher par le fer son audace!
„Tel a grand peur qui bien souuent menace.

# CARTEL CONTRE
## l'Amour.

D E deux Amours on voit la terre pleine,
L'vn est sans mal, sans trauail & sans pei-
re,
Prompt & soudain, qui loing de ce bas lieu
Nos cœurs esleue aux misteres de Dieu:
Si que laissant les terres & les nuës,
Cherche du Ciel les traces incognuës,
Et par vn vol à l'esprit coustumier
Reloge l'ame en son logis premier,
Et la ioignant à sa premiere essence,
De ce grand Tout luy donne cognoissance,
Si bien que l'homme en contemplant se fait
Non plus terrestre, ains Celeste parfait.

Telle amour est aux vertueux tres-belle,
Qui d'autant plus toute Amour excelle,
Que l'esprit est de son bien iouyssant,
Et que le Ciel la terre va passant.

De telle ardeur comme chainons dependens

G

Cent mille ardeurs qui çà bas se reſpandent
Dedans nos cœurs, & nous ſeruent de loy,
Comme de craindre & reuerer ſon Roy,
Bon citoyen defendre ſa patrie,
Et pour les ſiens abandonner la vie,
Son compagnon en armes ſecourir,
Pour le renom les Lauriers acquerir,
Et meſpriſer toute fortune extréme,
Et le publiq'aimer mieux que ſoy-meſme.
   Or ie n'appelle Amour, ſinon celuy
Qui nous maintient & nous tire d'ennuy,
Nous pouſſe au ciel, nous fait aimer nos Princes,
Et d'vn grand cœur ſecourir nos prouinces.
Pour les amis ſe monſtrer hazardeux,
Afin d'auoir le meſme ſecours d'eux
Quand quelque mal outrageux nous offence;
Pour tel effet l'amitié ſe commence.
   Or l'autre Amour qui maiſtriſe les cœurs,
Eſt l'artiſan de toutes nos douleurs,
Aueugle enfant que l'humaine malice,
A mis au ciel pour fauteur de ſon vice.
   Mille combats au monde ſont venus
Par le moyen de la folle Venus:
Thebes & Troye en furent ſaccagées,
Car de l'Amour les fureurs enragées
Par vn deſpit s'attizans peu à peu,
D'vn petit bois allument vn grand feu.
   L'homme bien-né ſe ſoüille de diffame,
Idolatrant les beautez d'vn femme.
Ieune auiourd'huy, demain vieille, & qui n'eſt
Belle, ſinon d'autant qu'elle nous plaiſt,
Et par vn teint qui pippe noſtre veuë:

Au reste elle est de bon sang despourueuë,
Prompte, legere, inconstante & suiuant
Le naturel des vagues & du vent.

Malheureux est & digne de misere,
Qui fait appuy de chose si legere,
Qui momentaine en rien s'esuanoüit,
Et de sa fleur douze ou quinze ans ioüit.
Toute beauté n'est que chose fardée,
Haye autant comme elle est demandée.

L'homme grossier les femmes aimera,
L'homme gaillard ne les estimera,
Sans valeter vne sotte maistresse,
Sinon d'autant que l'affaire le presse:
Pour la contrainte il aura d'elle soin,
Comme cherchant le remede au besoin,
Se souciant de soy-mesme & non d'elle,
Laisser la vieille, & prendre vne nouuelle,
Sans passion: car c'est vn grand plaisir
En n'aimant rien de changer & choisir.

Donq Cheualiers pour chose malheureuse
Nous detestons vne flame amoureuse,
Et soustiendrons contre tous assaillans
(Quand ce seroient de ces fameux Rolans)
Que Cupid... est vn Dieu d'iniustice,
Qui la ieunesse appaste de tout vice,
Et qu'on le doit comme pernicieux
Bannir bien loin de la terre & des Cieux.

# AVTRE CARTEL POVR
## l'Amour.

'Homme qui n'aime est vn Scythe sau
uage,
Viuant sans cœur, sans ame & sa
courage:
On ne sçauroit se passer de l'Amour
Non plus qu'on fait du soleil & du iour.

Ainsi que l'ame en nostre corps entrée
Esmeut le corps, ainsi l'amour sacrée
Entrée en l'ame esmeut l'ame par soy,
Pour luy seruir de patron & de loy,
Et la pousser aux plus parfaites choses
Qui soient en terre & dans le ciel encloses.
Or cest Amour, qui gouuerne les cieux,
Comme esloigné de l'homme & de ses yeux,
Visiblement ne se donne à cognoistre
Au sens humain car il est trop grand maistre.
De sa grandeur on ne sçauroit parler:
Si haut que luy l'homme ne peut voler,
Pour conceuoir ces diuines puissances:
Mais de l'Amour auteur de nos naissances,
Terrestre & bas, qui nostre humanité
Rend presque egale à la Diuinité,
De pere en fils conceuant nos semblables,
Pour reparer les siecles perdurables:
De ce grand Dieu pere de volupté,
Par qui le peuple est doucement dompté,
Qui nous chatoüille & se mesle en nos veines,
Maistre & seigneur des affaires humaines,

Ie veux parler, & dire que sans luy
L'homme mourroit plein de soin & d'ennuy.

Vn plus grand bien ne se trouue en la vie,
De soy fascheuse & boüillante d'enuie,
D'ambition & d'honneur importun,
Que de trouuer entre mille quelqu'vn
Auquel on puisse auecques confiance
Dire sans fard tout cela que l'on pense.
Amour nous fait tel plaisir esprouuer,
L'amitié fait le bon amy trouuer.

Comme pourroit vn homme sociable
Auoir party qui luy fust agreable
Pour viure ensemble en toute loyauté,
Sans s'allier à la douce beauté
D'vne tressage & vertueuse Dame?
Pour n'estre plus qüe deux corps en vne ame,
Vn seul esprit, qui se puisse enflamer
Tant seulement du seul honneur d'aimer,
Ne cherchant point de soi ardeur extréme
Autre loyer sinon que l'amour mesme,
Qu'en bien aimant de se voir bien aimé?

Qui d'autre sorte a le cœur allumé
Ou d'auarice, ardeur ou conuoitise,
Indigne il est qu'Amour le fauorise.
Telle Amour est pleine de passion,
Qui ne cognoist que la perfection
D'Amour n'est rien qu'vne ardeur mutuelle,
Qui se commence & se finit en elle.

Pource, Seigneurs, qui les armes suiuez,
Et aux Palais des grands Princes viuez,
Si m'en croyez, apprenez dés ieunesse
A bien choisir vne belle Maistresse:

G iij

» N'en prenez point de laides: la laideur
» Cache tousiours vne lente froideur,
» Qui hors du cœur la chaleur nous arrache,
» Vn corps difforme vne ame laide cache.

Or tout ainsi qu'vn visage sans fard,
Courtois & beau, tout gentil & gaillard
Est le mirouër d'vne ame bien parfaite:
Ainsi la face horrible & contrefaite
Est le miroüer où l'on voit par dehors
Estre vn esprit aussi laid que le corps.

Pource autrefois les Muses immortelles
Ont les vertus peintes en Damoiselles,
Pour faire voir clairement à chacun
Que les vertus & les Dames n'est qu'vn.

Les Dames sont des hommes les escolles,
Les chastians de leurs ieunesses folles,
Les font courtois, vertueux & vaillants.

Tels ont vescu cés superbes Rolands,
Renauds, Tristans, pleins d'vne ame amoureuse,
Qui desireux de gloire auantureuse,
Comme les Dieux s'acquirent des autels,
Faisant par tout des gestes immortels.

Ce fut Amour autheur de telle affaire:
Car sans ce Dieu ils n'eussent sceu rien faire.
Qui voudra donq soy-mesme se donter,
Et iusqu'au ciel par loüange monter,
Et qui voudra son cœur faire paroistre
Grand par-sur tous, & de soy-mesme maistre,
Soit amoureux d'vne Dame qui sçait
Rendre l'Amant vertueux & parfait.

L'homme mal-né qui les amours mesprise,
N'acheuera iamais belle entreprise,

Aini tout perclus de sens & de raison
Ne bougera poltron de sa maison.

Aux temps passez & Iason & Thesée
De mainte affaire estrange & mal-aisée,
sont retournez enuironnez d'honneur,
Ayant Amour pour guide & gouuerneur.

Les Dames sont pleines de courtoisie,
Ont le cœur haut, haute la fantaisie,
On voit tousiours la femme de moitié
surpasser l'homme en parfaite amitié:
Tesmoin en est la vertueuse Alceste,
Qui se tua pour son espoux Admete,
Où nul Amant ne se sçauroit trouuer
Mort de sa main pour sa Dame sauuer.

Tout cœur de femme est armé de fiance:
Celuy de l'homme est plein d'impatience,
Menteur, periure, incertain & leger,
Double, fardé, trompeur & mensonger.

Or s'il se trouue vne amitié bien faite,
D'âge, de mœurs, en loyauté parfaite,
C'est vn thresor qui bien-heureux se doit
Garder, d'autant que bien rare on le voit,
Et que chacun contemple en sa partie
La saincte amour dont la leur est sortie,
Qu'on ne voit plus comme on souloit icy
Depuis le temps que le peuple obscurcy
D'erreur, de fraude & de vices infames,
Ainsi qu'il doit n'honore plus les Dames:
Car tousiours regne au monde le malheur,
Quand plus n'y sont les Dames en honneur.

Si quelque braue ennemy de sa vie,
Ou trop chagrin ou trop enflé d'enuie

Veut soustenir comme presomptueux,
Qu'aimer n'est point vn acte vertueux,
Et qu'on ne doit seruir les Damoiselles,
Ou les seruant en prendre de nouuelles,
Vienne au combat ; ie luy feray sentir
Que le mesdire apporte vn repentir,
Et vergongneux confesser par contrainte
Que bien aimer est vne chose saincte.

# POVR LE ROY HABILLE
## en Hercule, & Pluton trainé
## deuant luy.

E Cheualier d'inuincible puissance
Est Hercules, qui venant aux Enfe
A mis ma porte & mon sceptre
    l'enuers,
Et moy Pluton sous son obeyssance.

Luy tout ardant de triomphe & de gloire,
Le triple chef de Cerbere enchainé,
Met sous le ioug ; par lequel est trainé
Son chariot en signe de victoire.

Il a tiré de l'abysme profonde
Ces Cheualiers que voyez à l'entour,
Et du Tartare où ne luit point le iour,
( En me forçant ) les rameine en ce monde.

Lesquels pour rendre espoinçonnez d'enuie,
Graces au Dieu qui les a rendus francs,
Tous Cheualiers qui seront sur les rancs
Veulent combatre aux despens de leur vie.

Et si leur force au combat ne surmonte
Tous assaillans, luy-mesme sa vertu
Veut employer pour mettre au combatu
Dessus le front la vergongne & la honte.

# CARTEL POVR LE ROY
## HENRY. III.

EST habit blanc que ie porte, Madame,
Est pour monstrer la blancheur de
mon ame,
Et ceste foy parfaite en loyauté
Qu'au cœur ie porte aimant vostre beauté.
Toute vertu, tant soit elle admirable,
Ne fut iamais à la miènne semblable,
D'autant qu'on voit assez d'autres vertus.
,, L'homme loyal icy ne se voit plus.
Que l'incarnat tant qu'il voudra se vante,
Le iaune aussi qui l'amoureux contante,
Et le verd-gay que Venus aime tant:
Telles couleurs ne me plaisent, d'autant
Qu'vn teint fardé leurs beautez a souïllées
L'vne dans l'autre estrangement meslées.
Comme le simple en tout est plus parfait
Que le meslé qui de plusieurs se fait:
Ainsi le blanc comme simple surpasse
Toute couleur où la mesleure passe.
Simple est le blanc, le reste est composé,

G v

Où l'artifice a le fard apposé:
Car en tombant de sa simple nature
S'est corrompu par diuerse teinture,
Et n'est plus beau par la mutation,
Comme eslongné de sa perfection.

   Donq qui voudra, pour accoustrement porte
Vn habit peint de mainte estrange sorte,
Soit bigarré du corps comme du cœur,
Toute couleur sans la blanche couleur
N'est à bon droit parfaite ny loüable:
Le blanc naïf seulement est capable
De receuoir toutes couleurs, & peut
Changer sa forme en tout cela qu'il veut,
Et l'accident des autres n'a puissance
De retourner en vne blanche essence:

   Le Ciel est blanc: la Lune, & le flambeau
Du grand Soleil pour estre blanc, est beau:
Pour estre blanche est belle la lumiere.
La couleur blanche est tousiours la premiere.

# DIALOGVE POVR VNE Mascarade.

## AMOVR ET MERCVRE.

### Amour.

HEraut des Dieux, qu'vne fille d'Atlas
Conceut leger, pren tes ailes cognuës,
Et trauersant le long chemin des nuës
Laisse le ciel, & t'en-vole là bas.

### Mercure.

Fils de Venus, qui portes en tes mains
L'arc qui aux Dieux & aux hommes commande,
Pourquoy veux-tu que du ciel ie descende
Pour aller voir la terre des humains?

### Amour.

Iupiter veut par le conseil des Dieux
Qu'ailles trouuer le plus grand de la race
Des trois commis à conquerir la place
Et tous les forts du Chasteau perilleux.

### Mercure.

Quelle contrée à produit ce bon heur?
Qui mettra fin à si haute entreprise?
Qui est celuy que le ciel fauorise
Sur tous les trois de proüesse & d'honneur?

### Amour.

Ie te diray le pays & le nom
De ce guerrier qui a tant de puissance:

G vi

Charle est son nom, son pays est la France,
Dont les vertus surpassent le renom.

　　　　　Mercure.

C'est assez dit : tu me donnes la loy,
Ie vay partir, il faut que i'obeysse,
Il faut Amour qu'on te face seruice,
Les plus grands Dieux obeissent à toy.

# MONOLOGVE DE MER-
## cure aux Dames.

Ames, ie suis le courrier Atlantide,
Qui trauersant le grand espace humide
Comme vn oiseau de son vol soustenu,
Porté du vent suis en France venu
Par le conseil de ce Dieu qui tempere
Hommes & Dieux, de toute chose Pere,
Pour enuoyer vn Cheualier François,
Aspre à la guerre & le plus fort de trois,
A qui le Ciel sous bonne destinée
A dés long temps la conqueste ordonnée
Du fort Chasteau perilleux, que l'Amour
Tient remparé de perils à l'entour
　　il ne faut point qu'vn Cheualier s'appreste
An long labeur d'vne telle conqueste,
S'il n'est aimé des Dieux & du Destin:
Quiconque soit qui la doit mettre à fin,
Sera chery des Cieux & de Nature,
Et reserué pour si haute auanture.

Premierement d'vn courage indonté
Verra l'Enfer qui flamboye à cofté,
Et baignera fes armes homicides
Au tiede fang des fieres Eumenides,
Et des fureurs des Gorgonnes, qui ont
Vn œil farouche enfoncé fous le front.

Rien de Pluton ne vaudra la prouesse,
Soulfre, fumée & grosse flame espesse
Contre celuy dont le puissant bouclair
Ne craint ny feu ny flame ny esclair.

Victorieux du peril de la deftre,
L'autre peril l'attend à la feneftre:
Ce font trauaux & labeurs vehemens,
Gennes, horreurs, la maison des tourmens:
Où mainte voix en foûspirs estenduë
Horriblement de loin eft entenduë
Des malheureux qui autrefois n'auoient
Gardé la foy qu'aux Dames ils deuoient.

Pource Amoureux gardez l'Amour fidelle,
De peur d'entrer en peine fi cruelle,
Ayant forcé ce danger par vertu,
Et par l'effort de fon glaiue pointu,
Se couronnant de loüange & de gloire,
D'vn tel Chafteau gaignera la victoire:
Puis il doit voir vn beau iardin, ainçois
Vn Paradis, des delices le chois,
Où fleurs & fruiéts en abondance naissent,
Et à l'enuy l'vne fur l'autre croissent;
Où les plaifirs & les Amours iumeaux
Vont voletant de rameaux en rameaux.

Là le troupeau des Nymphes & des Fées,
D'œillets, de lix, & de rofes coiffées,

G vij

Le feront digne au regard de leurs yeux,
Et de la table & du Nectar des Dieux,
En luy donnant entiere iouyssance
De tous les biens qui sont en leur puissance:
Voire de ceux que ce grand Vniuers
Fait naistre au iour pour ses tourmens souffers:
Tant vne fin de tout plaisir est pleine,
Quand la vertu s'achette par la peine.

# POVR VNE MASCARADE.

## IVPITER.

Ie suis des Dieux le Seigneur & le Pere,
Tout element à mon Sceptre obtempere,
Le cours du Ciel ma reigle va suiuant
Dedans la nuë armé de mon tonnerre:
Ie fay trembler les ondes & la terre,
Haut-esleué sur les ailes du vent.

Bas à mes pieds les peuples ie regarde,
Rois, Empereurs sont en ma sauuegarde,
Et par sur tous Charles que i'aime mieux:
Entre nous deux par supréme auantage,
Du Monde entier auons fait vn partage,
A luy la Terre, & à moy tous les Cieux.

De ma maison, sans me le faire entendre,
Mars & Amour ont bien osé descendre,
Accompagnant trois Cheualiers de nom
Qui estrangers sont abordez en France
Pour le cognoistre & voir si sa puissance
Estoit pareille au bruit de son renom.

Or ie cognoy ce Prince magnanime,
Qui les combats plus que la vie estime:
Il leur voudra son bras faire sentir,
D'vn braue cœur assaillant ces gend'armes,
Et par l'effort de toutes sortes d'armes
Leur attacher au front le repentir.

Pource ie vien le soustien de ce Prince,
Sans endurer qu'en sa mesme Prouince,
Des estrangers puisse estre combatu:
Pour son secours Pallas ie luy ameine,
Qui punira de vengeance soudaine
Mars par la lance, Amour par la vertu.

# PALLAS.

DV haut du Ciel ie suis icy venuë
Dessus le dos d'vne legere nuë,
Traçant en l'air vn voyage nouueau,
Par la priere en courroux animee
De ce grand Dieu qui me fit toute armee,
Malgré Iunon, naistre de son cerueau.

Moy faux des Rois en armes ie proteste
Donner secours à ma race celeste,
Et d'enfermer mon corps de toutes pars
De deux harnois : l'vn est fait de sagesse,
L'autre trempé d'ardeur & de prouesse,
L'vn contre Amour, & l'autre contre MARS.

Mars furieux tout allumé de rage
A mille fois prouoqué mon courage,
Et mesprisé ma force en se brauant:
Mais quand ma lance au combat le menace,

Il perd le cœur & s'enfuit de la place,
Loin de mes bras comme vne poudre au vent.

Quand Cupidon par blandice ou cautelle
Me veut blesser de sa fleche cruelle,
Ou de mon corps finement approcher,
Deuant ses yeux ie monstre ma Gorgonne,
Qui d'vn regard telle crainte luy donne,
Que froid, sans ame, il deuient vn rocher.

Ces ieunes Dieux contre Charles mon frere
Ont fait armer vne force contraire:
Seule ie puis empescher leur moyen,
En luy donnant & secours & remede,
Comme ie fis au vaillant Diomede
Qui combatoit deuant le mur Troyen.

Ie veux ruer ainsi que d'vne foudre
Ce gentil Mars terrassé sur la poudre,
Et en despit de ses trois Combatans
Le desarmer au milieu de la guerre,
Ou l'enuoyer là bas dessous la terre
Bien loin du Ciel auecques les Titans.

Et si Amour approche de ma lance,
A ses despens cognoistra ma vaillance,
Bien qu'autre part mon bras il ait cognu:
Ie briseray son carquois & ses fleches,
Fendray son arc, esteindray ses flameches,
Rompray son aile & l'enuoyray tout nu

# CARTEL ENVOYE' PAR
## le Nain des huict Cheualiers estrangés.

Vict Cheualiers de nation estrangè,
Autant vaillàs qu'amoureux de loüange,
Rauis du nom qui par le monde court
De vos vertus, Sire, & de vostre Court,
Estoient partis espoinçonnez de gloire
De r'emporter des combats la victoire:
Mais le chemin & le trop long seiour
Les a trompez : car ne venant au iour
De vos Tournois, ont perdu l'esperance
De plus monstrer en armes leur vaillance,
S'il ne vous plaist leur faire ouurir le Pas:
Et commander autres noueaux combas.

Donques grand Roy que tout le peuple estime
Enfant de Mars, si l'honneur vous anime,
Si la vertu vous eschauffe le cœur,
Ne permettez que leur ienne vigueur
Se refroidisse, & leur chaude proüesse
Sans l'employer se roüille de paresse:
Ils sont tous prests aux combats de monstrer
Que plus vaillans on ne peut rencontrer.

Ils combatront comme hardis gendarmes
Iusqu'à la mort de toutes sortes d'armes,
Et à cheual & à pied : car ils ont
La force en main, l'audace sur le front,

Ils sont vestus d'vne diuerse sorte:
L'vn du haut Ciel la riche couleur porte
Le bleu, qui est signe certain aux yeux
Que son esprit est fauory des Cieux.
    L'vn la couleur d'vne Colombe a prise,
Pour tesmoigner qu'Amour le fauorise:
    L'autre accoustré d'vn habillement blanc,
Apparoist iuste & magnanime & franc:
    L'autre qui prend la noire couuerture,
Se monstre ferme & constant de nature:
    Le Cheualier paré d'vn habit verd,
Est d'esperance & d'amitié couuert:
    L'autre accoustré de couleur grise, monstre
Qu'en bien aimant toute peine on rencontre:
    Celuy qui a l'incarnat dessus soy,
Monstre du cœur la constance & la foy:
    Et le dernier qui l'habit iaune porte,
D'vn bon espoir son amour reconforte.
    Voyla les huit qui veulent batailler,
Sil vous plaist, Sire, en armes leur bailler
Lieu de Tournoy, & ne vouloir defendre
Que dessous vous la guerre on puisse apprendre.
    Or pour-autant que les ieunes soudars
Sans Cupidon ne sont cheriz de Mars,
Ie suppli'ray les Dames fauorables:
A ce besoin leur estre secourables
Car bien souuent le plus fort est donte,
Si l'art d'Amour ne defend son costé.

## AVTRE CARTEL.

Rois guerriers incogneus de nation e-
strange,
Ont laissé leur pays desireux de loüäge,
Pour venir esprouuer auecque le har-
nois
La force & la vertu des Cheualiers François :
Afin qu'en acquerant honneur par leurs proüesses
Soient dignes d'estre aimez de leurs belles Maistresses.
Chacun courra trois coups en masque, & qui mettra
Plus de fois en la bague, Amour luy permettra
De gaigner seul le prix, n'estant pour rien contees
Les attaintes qui sont sans effect emportees :
Et quand les assaillans & les tenans seront
Egaux & non veincus, derechef ils pourront
Recommencer la course & retenter la gloire,
Tant que l'vn dessus l'autre emporte la victoire.
Premier que de courir, ces guerriers bien appris
Iront autour du camp, & toucheront les pris
Tels qu'ils voudront choisir sans respect de personne,
Qui seront attachez au haut d'vne Colonne :
La main victorieuse aura le prix touché,
Que le veincu payra honteux de son peché.
Suppliant humblement que le Roy nous ordonne
Des Iuges pour garder nostre droict, & qu'il donne
Faueur à la valeur du Cheualier veinqueur.
„ La faueur d'vn grand Prince est l'ame d'vn bon
cœur.

# MASCARADE POVR LES
## Nopces de Monseigneur de Ioyeuse, Admiral de France.

### Aux Dames.

E verrois à regret la lumiere du iour,
I'aurois ingrat soldat combatu sous
   Amour,
Porté ses estendars, & suiui ses ar-
   mées,
Si voyant maintenant ses armes diffamées,
Et luy fait prisonnier, lié contre vn rocher,
Ie ne venois icy ses liens détacher,
Et luy rendre auiourd'huy sa liberté passee,
Comme Andromede l'eut par les mains de Persée.
   C'est bien fait de domter ces cruels animaux,
Et ces monstres qui sont aux hommes tant de maux,
Qui de sang & de meurtre ont sanglante la face:
Mais d'outrager Amour pere de nostre race,
Le mener en trofée, & luy serrer les mains,
C'est ensemble offenser les Dieux & les humains.
   Celuy sucça le laict d'vne fiere Lionne,
Qui Venus iniurie, & son fils emprisonne,
Sans respecter ce Dieu qui vengeur doit venir
Bien tost l'arc en la main à fin de le punir.
   Dés le premier regard sans autre tesmoignage,

Voyant son poil,son front,ses yeux & son visage,
Il deuoit bien penser qu'vne diuinité
Estoit en cest enfant:mais trop de vanité
Aueugla sa raison pour ses fautes accroistre,
Comme aux Tyrrheneans qui ne pûrent cognoistre
Bacchus en leur nauire, & depuis en la mer
Se veirent par leur faute en Dauphins transformer,
Ainsi Niobé apprist par son orgueil funeste
Qu'on ne doit offenser la puissance celeste.

Est-ce pas faire au Ciel iniure & deshonneur
De dire que l'Amour du Monde gouuerneur,
Soit meschant & cruel & autheur de tout vice?
Et luy attribuer nostre propre malice?
Contre sa Deité Geans nous bataillons:
Amour ne faut iamais, nous sommes qui faillons.
C'est luy qui de grossiers nous a rendus honnestes,
Qui nous apriuoisant nous separa des bestes,
Et de ses beaux desseins remplissant nos raisons,
Nous aprist d'bastir bourgades & maisons.

C'est luy qui des vertus nous enseigne la voye,
C'est luy qui par esprit aux Demons nous enuoye,
Qui nous rauist de nous,& qui nous loge aux Cieux
Et nous repaist de manne à la table des Dieux.
Porté dessus son aile,esclairé de ses flames,
Couuert de vos faueurs,ie viens icy,mes Dames,
Pour venger son iniure,& l'oster hors d'esmoy.
„ Le deuoir d'vn suiet c'est aider à son Roy.

# CARTEL POVR LE COM-
## bat à cheual en forme de Balet.

Es nouueaux Cheualiers par moy vous font entendre
Que leurs premiers ayeuls furent fils de Meandre,
A qui le fleuue apprit à tourner leurs cheuaux,
Comme il tourne & se vire & se plie en ses eaux.
Pyrrhè en celle façon sur le tombeau d'Achille
Fit vne danse armée: & au bords de Sicile
Enée en decorant son pere de tournois,
Fit sauter les Troyens au branle du harnois,
Où les ieunes enfans en cent mille manieres
Meslerent les replis de leurs courses guerrieres.
Pallas qui les conduit, a de sa propre main
Façonné leurs cheuaux, & leur donna le frein,
Mais plustost vn esprit, qui sagement les guide
Par art obeissant à la loy de la bride.
Tantost vous les verrez à combettes danser,
Tantost se reculer, s'approcher, s'auancer,
S'escarter, s'esloigner, se serrer, se reioindre,
D'vne poincte allongée, & tantost d'vne moindre,
Contrefaisant la guerre au semblant d'vne paix,
Croizez, entrelassez de droit & de biais,
Tantost en forme ronde, & tantost en carrée:
Ainsi qu'vn Labyrinth, dont la trace egarée
Nous abuse les pas en ses diuers chemins:
Ainsi qu'on voit danser en la mer les Dauphins.

Ainsi qu'on voit voler par le trauers des nuës
En diuerses façons vne troupe de Gruës.

Or pour voir nostre siecle où preside Henry,
En toute discipline honnestement nourry,
Où la perfection de tous mestiers abonde,
Autant qu'il est parfaict & le plus grand du mõde,
Ces Centaures armez à nostre âge incognus,
Au bruit d'vn si haut Prince en France sont venus
Pour les peuples instruire,& les rendre faciles
Autant que sous le frein leurs cheuaux sont dociles,
Et faire de son nom tout le monde rauir,
Afin que toute chose apprenne à le seruir.

# CARTEL POVR LES CHE-
## ualiers celestes, ou Dioscoures.

Ous sommes ces Gemeaux ,dont la va-
leur extresme
Nous fit estimer fils du grand Iupiter
mesme,
Qui fendismes premiers, compagnons de Iason,
Neptune d'auirons allant à la Toison;
Qui par terre & par mer veinquismes les bráuades
Des Colchiens en terre,en mer des Symplegades,
Et qui fuyans le peuple & son chemin battu,
Fusmes astres du Ciel conduits par la vertu,
Dont les rayons pour marque encore sur nos testes
Reluisent redoutez des vents & des tempestes.

Tous deux memoratifs de nos premiers mestiers,
Le Ciel pour ceste nuict nous quittons volontiers,

Et desirons encore immortels que nous sommes,
R'essayer les combats & les trauaux des hommes:
Donc si quelqu'vn vouloit en armes maintenir
Que les ieunes guerriers que le temps fait venir,
Passassent de valeur ceux à qui l'âge antique
Imprimoit dedans l'ame vne ardeur heroïque,
Et vueille les mortels sur les Dieux esleuer,
Qu'il vienne sur les rangs: nous voulons luy prouuer
A combat de cheual par lance & par espée,
Que son opinion faussement est trompée,
Et que les demy-Dieux par la vertu nourris,
Sur tous les Cheualiers doiuent gaigner le prix,
Leur faisant confesser par preuue manifeste
Que l'homme doit ceder à la race celeste.

# CARTEL POVR LES CHE-
## ualiers de la Renommée.

ET ce char triomphant, & sa Dame
habillée
D'azur, qui de cent yeux est tousiours
esueillée,
Et ce courrier ailé qui seul marche de-
uant,
Qui enfle la trompette & la fait bruire au vent,
De langues ceste robbe & d'oreilles semée,
Vous enseignent assez que c'est la Renommée,
Et que ces cheualiers qui d'elle ont pris le nom,
Ont par toute l'Europe espandu leur renom.
Voyez comme du chef elle frappe la nuë,

*Voyez*

Voyez comme son pied presse la terre nuë:
Cela dit que l'honneur des cœurs victorieux
Se commence en la terre,& se finit aux Cieux.

La gloire mendiée à l'aide de fortune
Ne dure pas lõg temps cõme chose commune:
Mais celle qui s'acquiert par la seule vertu,
Ne vit iamais son bruit par le temps abbatu
L'vne a pour fondement la force du courage,
Et l'autre vne esperance incertaine & volage.

Ces vaillãs Chevaliers des combats desireux,
Et de la renommée immortels amoureux,
Ont, suiuant la vertu la mere des loüanges,
Fait sentir leur prouesse aux nations estranges,
Sectateurs de Thesé,d'Hercule & de Iason,
Et de ces premiers preux de l'antique saison.

Aussi ceste Deesse à sa suite les meine,
D'honneurs & de faueurs recompensant leur peine,
Et de l'amour du peuple,ayant bien merité
Que leur nom soit escrit aueq l'eternité.
Desirans consumer aux faicts d'armes leur vie,
Poussez d'vne feruente & genereuse enuie,
Ils viennent sur les rangs pour la bague courir:
Et le prix & l'honneur par labeur acquerir,
Et faire en ce tournoy de leur ieunesse preuue.
» Iamais sans la sueur la vertu ne se treuue.

H

# CARTEL POVR LES CHE
## ualiers des Flammes.

S I les yeux penetroient au profond d
nos ames,
Nous n'aurions point besoin d'habit
chargez de flammes:
Dés le premier regard ils voirroient qu'au dedans
Nous ne sommes que feux & que braziers ardans:
Mais puis que l'œil ne peut nostre accident cognoistre
Il faut par le dehors le vous faire apparoistre.

Nos pensers qui tousiours tournent tout à l'entour
De la personne aimée & se menuent d'Amour
(Comme tout mouuement est chaud de sa nature)
Nous enflamment le cœur d'vne flamme si pure
Et si belle qu'en lieu de nous faire mourir
Nous sentons son ardeur doucement nous nourrir.

Il ne faut s'esbahir si nostre char se pare
D'artifices de feu:si Vesuue & Lipare
semblent bruler dedans:chacun suit son desir,
Et nous suiuons le feu comme nostre plaisir.

On dit qu'en Cypre estoit iadis vne fournaise,
En qui la Pyralide au milieu de la braise
Entretenoit sa vie,& se mouroit alors
Que la flamme sa mere abandonnoit son corps.

Nous en sommes de mesme: ainsi vit & s'engendre
Aux fourneaux les plus chauds la froide Saleman-
dre.
Ainsi se paissent d'air maintes sortes d'oiseaux,

De terre la Couleure & les poiſſons des eaux.
Animaux qui prenez du feu vos origines,
Venez viure en nos cœurs, venez en nos poictrines,
Paiſſez vous des ardeurs que l'Amour verſe en vous,
Et vinez comme nous d'vn aliment ſi dous,
D'vn ſi doux aliment, que meſme l'Ambroſie
ſi doucement au Ciel les Dieux ne raſſaſie,
Viuans de noſtre feu, dont nous ſommes contens,
Comme Monſches à miel des moiſſons du Printemps.

Celuy qui fit d'Amour la premiere peinture,
Luy donnant des brandons, ne fit à l'auanture,
Mais par raiſon, voyant que ce Dieu de ſa main
Bruloit & mer & terre & tout le genre humain.

Eſcoute grand Amour, grand Demõ chargé d'ailes,
Quand la mort rauira nos deſpoüilles mortelles,
Par ta ſaincte faueur deuenus transformez
Nous voulons luire au Ciel deux flambeaux allumez.

Tu n'auras pas grand peine à nous changer en
         flames
Puis que les yeux ardans de nos cruelles Dames,
En ton traict embraxé, qu'au cœur auons receu,
Auoit nos corps viuans deſia tournez en feu.


H ĩj

# A L'VNIQVE PERLE

## MARGVERITE DE FRANce, Royne de Nauarre, luy prefentant la Charite.

Omme de cent beautez la voftre fe
 varie,
Ce liure qui vous eft humblemem
 dedié,
De differents fuiets eft ici varié,
Telle qu'eft en Auril vne ieuné prairie.

I'ay voftre Royauté pour defenfe choifie,
Afin que mon labeur ne foit point oublié,
Ny du peuple mordu,repris ny ennié,
Tant voftre Maiefté luy donnera de vie.

Madame ,fi le don de ce petit Tableau,
Que ie facre à vos pieds,n'eft ny riche ny beau,
Vous feule en eftes caufe,& cela me confole.

Car voulant à mes vers vos vertus égaler,
Tant s'en faut que ie puiffe ou efcrire ou parler,
Que ie deuien muet,fans plume ny parole.

# LA CHARITE.

CE ieune enfant qui sans raison com-
    mande,
  Qui par le Ciel, qui par la Terre
    court,
Voyant vn iour les Dames de la Court,
Remonte aux Cieux, & Venus luy demande:
  Dy-moy, mon fils, volant de place en place
Comme tu fais, sans foy, sans loyauté,
As-tu point veu là bas quelque beauté
(ton œil voit tout) qui la mienne surpasse?
  Amour resbond: Pren, ma mere, asseurance,
Rien ne sçauroit surpasser ton honneur,
Fors vne Dame, en qui tout le bon-heur
Du plus beau Ciel se versa dés enfance.
  Elle rougit : les Dames sont despites
Quand leur renom en beauté n'est parfait:
Et pour sçauoir la verité du fait,
Elle choisit l'vne de ses Charites.
  Mon cœur, mes yeux, mon ame & ma pensée,
Si i'ay de toy quelque bien merité,
Descen en France, & me di verité,
Si ma beauté d'vne autre est surpassée.
  Pour obeïr la ieune Pasithée
Toute diuine abandonna les Cieux:
L'air luy fait place, & les vents gracieux
La soustenoient par la vague emportée.
  D'vn vol soudain elle fit sa descente,
Fendant le Ciel ainsi qu'on voit la nuit

H iij

Couler de loin vne estoille qui luit,
Entre deux airs d'vne trace glissante.

Beauté, vigueur, ieunesse & courtoisie,
Le ieu, l'attraict, les delices, l'Amour
Ainsi qu'oiseaux voloient tout à l'entour
De ce beau corps, leur demeure choisie.

Son chef diuin, miracle de nature,
Estoit couuert de cheueux ondelez,
Noüez, retors, recrespez, annelez,
Vn peu plus noirs que de blonde teinture.

Son front estoit vne table garnie
De marbre blanc, siege de maiesté,
Net & poly, comme aux beaux iours d'Esté
On voit la mer sans ondes toute vnie.

Ses sourcis noirs faits en arche d'Ebene,
De l'arc d'Amour la forme & le portrait,
D'vn beau Croissant contre-imitoient le trait,
Quand au tiers iour le mois il nous rameine.

Ses yeux estoient d'vne force contraire,
L'vn gratieux & l'autre furieux,
Deux yeux ( ie faux, mais deux Astres des Cieux)
L'vn pour chasser & l'autre pour attraire.

Et ses yeux bruns toute delicatesse,
Traicts, hameçons, seruages, & prison,
Qui des plus fins affinent la raison,
Seruoient d'escorte à si belle Deesse.

Toutes beautez en ses yeux sont coulées:
Amour n'auoit d'autre logis trouué:
Son nez sembloit hautement releué
Vn petit tertre enclos en deux valées,

Sa tendre, ronde & delicate oreille,
Blanche, polie, au bout s'enrichissoit

D'vn beau ruby, qui clair embelliſſoit
De ſes rayons ſon viſage à merueille.

De vif Cinabre eſtoit faite ſa iouë,
Pareille au teint d'vn roügiſſant Oeillet,
Ou d'vne Fraize, alors que dans du laict
Tout au plus haut de la creſme ſe iouë.

Toutes les fleurs du ſang des Princes nées,
Narciſſe, Aïax, n'eurent le teint pareil
Au ſien meſlé de brun & de vermeil,
Qui rend d'Amour les ames eſtonnées.

Telle couleur à la nuict eſt commune,
D'vn peu de noir ſa face embelliſſant,
Quand peu à peü le iour eſt finiſſant,
Et ja de ſoir tire deuers la brune.

Sa bouche eſtoit de mille Roſes pleine,
De Lis, d'Oeillets, où blanchiſſoient dedans
A doubles rangs des perles pour les dents,
Qui embaſmoient ce Ciel de leur haleine.

De la ſortoient les ris & les paroles
Fortes aſſez pour les hommes charmer,
Et qui pouuoient les roches de la mer,
En les oyant rendre douces & molles.

Vn rond menton finiſſoit ſon viſage
Vn peu fendu d'aſſez bonne eſpeſſeur
Gris, en-bon-point, dont la blanche eſpeſſeur
De l'autre eaſleure eſt certain teſmoignage.

Son col eſtoit vn pilier de Porphire
En longs rameaux de veines ſeparé,
D'Oeillets, de Nege & de Roſes paré,
Soutien du chef que la nature admire.

Deux monts de laict qu'vn vent preſſe & repreſſe,
Qui ſur le ſein ſans bouger s'eſbranloient

Comme deux coings enfleʒ se pommeloient
En deux tetins messagers de ieunesse.

  Du reste, helas ! de parler ie n'ay garde,
Dont le regard aux hommes est osté,
Sacré seiour, qu'Honneur & Chasteté
Ainsi qu'Archers en ont soigneuse garde.

  Ses mains estoient blanches, longues, doüillettes
Qui tressailloient en veines & rameaux,
Puis se fendoient en cinq freres iumeaux,
Aboutissant en cinq bords de perlettes.

  De marbre exquis taillé par artifice
Sa iambe estoit, ses pieds estoient petis,
Tels qu'on les feint à la belle Thetis,
Sur fondement d'vn si bel edifice.

  Comme vn esclaire la Nymphe qui s'eslance.
Dans le Palais de Charles arriua:
Puis tout d'vn coup inuisible s'en-va
Dedans la salle où se faisoit la dance.

  Il estoit nuict, & les humides voiles
L'air espoissi de toutes parts auoient,
Quand pour baller les Dames arriuoient,
Qui de clarté paroissoient des estoiles.

  Robes d'argent & d'or laborieuses
Comme à l'enuy flambantes esclattoient:
Viues en l'air les lumieres montoient,
Attraits brillans des pierres precieuses.

  Là mon grand Prince & nos Seigneurs ses freres
Estoient venus orneʒ de maiesté,
Pour compagnie ay int à leur costé
Les loix qui sont plus douces que seueres.

  Là Marguerite ornement de nostre âge,
Apparoissant en la double valeur,

Et tantost perle & tantost vne fleur,
D'vn beau Printemps honoroit son visage.

Si tost qu'au bal la Nymphe bien-aimée
Se presenta, ses deux Astres jumeaux
Ferent au double esclairer les flambeaux
Et d'vn beau iour la nuict fut allumée.

Deuant sa salle vne odoreuse nuë
Pleine de musq & d'ambre s'espandit:
Par tel miracle vn chacun entendit
Qu'vne Deesse au bal estoit venuë.

Comme vn Soleil sans rompre la verriere
Passe en la chambre ondoyant & pointu:
Sans que l'obiect empesche la vertu
De sa diuine & perçante lumiere:

Ainsi la belle inuisible Charité
Comme vn esclair la salle penetra,
Et tout entiere en se cachant entra
Dedans le corps de nostre Marguerite.

Si bien son ame en son ame est enclose,
Si bien sa vie en l'autre elle logea,
Si bien son sang au sang d'elle changea,
Que les deux corps n'estoient plus qu'vne chose.

Si que mon Roy d'vn iugement extréme
Bien clair-voyant, germé des Dieux conceu,
Y fut premier en la voyant deceu,
Pensant au vray que ce fust sa sœur mesme.

Serrant sa main la conduit à la dance:
Comme vne femme elle ne marchoit pas,
Mais en roulant diuinement le pas,
D'vn pied glissant couloit à la cadance.

L'homme pesant marche dessus la place,
Mais vn Dieu vole & ne sçauroit aller:

H 2

Aux Dieux legers appartient le voler,
Comme engendrez d'vne eternelle race.

Le Roy dançant la volte Prouençalle
Faisoit sauter la Charite sa sœur:
Elle suiuant d'vne graue douceur,
A bonds legers voloit parmy la salle:

Ainsi qu'on voit aux grasses nuicts d'Autonne
Vn prompt Ardent sur les eaux esclairer,
Tantost deçà tantost delà virer,
Et nul repos à sa flamme ne donne:

Elle changeoit en cent metamorphoses
Le cœur de ceux qui son front regardoient:
Maints traits de feu de ses yeux descendoient,
Et sous ses pieds faisoient naistre des Roses.

Au deuant d'elle alloient pour seures guides
Auecq l'Honneur la graue Maiesté,
Et la Vertu qui gardoient sa beauté,
Comme vn Dragon le fruict des Hesperides.

Incontinent que la douce harmonie
Des violons en l'air plus ne s'ouyt,
Ceste Charite au Ciel s'euanouyt,
Abandonnant l'humaine compagnie.

Ainsi de nuict la paupiere fermée
D'vn doux sommeil en songeant recognoist
Quelque Demon qui soudain apparoist,
Puis tout soudain se perd comme fumée.

Adieu Charite, adieu Nymphe bien-née,
Ou monte au Ciel, ou vole où tu voudras,
En ceste Cour bien tost tu reuiendras
Dessus le ioug du nopcier Hymenée.

Lors moy remply d'vn plus ardent courage,
Ie doubleray la force de ma vois,

Pour faire aller iufqu'aux champs Nauarrois
L'accord heureux du facré mariage.

# POVR LA FIN D'VNE
## Comedie.

Cy la Comedie apparoift vn exemple,
Où chacū de son fait les actiōs cōtemple:
Le Monde eft le theatre, & les hom-
    mes acteurs,
La Fortune qui eft maiftreffe de la fceine,
Apprefte les habits, & de la vie humaine
Les Cieux & les Deftins en font les fpectateurs.
   En geftes differens, en differens langages,
Rois, Princes, & Bergers iouent leurs perfonnages
Deuant les yeux de tous, fur l'efchafaut commun:
Et quoy que l'homme effaye à vouloir contrefaire
Sa nature & fa vie, il ne fçauroit tant faire
Qu'il ne foit, ce qu'il eft, remarqué d'vn chacun.
   L'vn vit comme vn Pafteur, l'vn eft Roy des pro-
    uinces,
L'autre fait le marchand, l'autre s'egale aux Princes,
L'autre fe feint content, l'autre pourfuit du bien:
Ce-pendant le fouci de fa lime nous ronge,
Qui fait que noftre vie eft feulement vn fonge,
Et que tous nos deffeins fe finiffent en rien.
,, Iamais l'efprit de l'homme icy ne fe contente,
Toufiours l'ambition l'efpoint & le tourmente:
Tantoft il veut forcer le temps & la faifon,
Tantoft il eft ioyeux, tantoft plein de trifteffe,
Tantoft il eft domté d'Amour & de ieuneffe,
Contre qui ne peut rien ny confeil ny raifon.

La beauté regne au Ciel, la vertu, la iustice:
En terre on ne voit rien que frayde, que malice:
Et bref tout ce monde est vn publique marché,
L'vn y vend, l'vn desrobe, & l'autre achette &
     change,
Vn mesme faict produit le blasme & la loiiange,
Et ce qui est vertu, semble à l'autre peché.
   Le Ciel ne deuoit point mettre la fantasie
Si prés de la raison: de là la ialousie,
De là se fait l'Amour dont l'esprit est veincu.
Tandis que nous aurons des muscles & des veines,
Et du sang, nous aurons des passions humaines:
Car iamais autrement les hommes n'ont vescu.
   Il ne faut esperer estre parfait au Monde,
Ce n'est que vent, fumée, vne onde qui suit l'onde:
Ce qui estoit hier ne se voit auiourd'huy.
» Heureux trois fois heureux qui au temps ne s'o-
     blige,
» Qui suit son naturel, & qui sage corrige
» Ses fautes en viuant par les fautes d'autruy.

## SVR LA FONTAINE QVI
est au Iardin du S. Regnault, Thresorier & Receueur general des finances de feu Monseigneur frere du Roy, à Baignolet.

Egase fit du pied la source d'Hippocrene,
De sa lance Pallas a fait ceste Fonténe
Pour lauer sa sueur & nettoyer ses bras,
Quand poudreuse & sanglante elle vient des combats:
Aussi pour resioüir son hoste qui caresse
Les doctes seruiteurs d'vne telle Deesse.
Si bien que des neuf Sœurs le sacré troupelet
Est venu de la Grece habiter Baignolet,
Pour accorder sa voix à l'onde qui caquette,
Et pour chanter l'honneur du maistre qui les traicte.
Les Nymphes & Bacchus pour miracle nouueau
Deux doubles qualitez donnerent à ceste eau:
Le iour elle est de vin, & la nuict de l'eau pure,
Et pource si quelqu'vn sans sçauoir sa nature
Entroit en ce logis, tant soit-il caut & fin,
Pensant boire de l'eau, ne boira que du vin.

## Dialogue du Libraire & du Paſſant.

P. Qvi eſt ce liure? L. Eſtráger. P. Qui l'a faict?
L.     Le grand Oſie, en ſçauoir tout parfait.
P. Qui l'a conduit des terres Poulomioiſes,
   Et fait ſonner nos paroles Françoiſes?
L. C'eſt Lauardin, ce ſçauant tranſlateur,
   Et docte autant que le premier Autheur.
P. De quoy diſcourt ce liure magnifique?
L. De noſtre loy, de la foy Catholique,
   Tout ce qu'il faut retenir ou laiſſer,
   Et qu'vn Chreſtien doit à Dieu confeſſer,
   Pour eſtre net du fard de l'hereſie,
   Croyant l'Egliſe, & non la fantaſie
   De ces cerueaux eſuentez, eſgarez,
   Qui par orgueil ſont de nous ſeparez:
Et bref, Paſſant, ſi le Zele t'allume
   Des peres vieux, achete ce volume
   Pour viure ſeur en la ferme vnion.
Mais ſi tu es de l'autre opinion,
   Et ſi tu veux les menſonges enſuiure
   Des nouueaux fols n'achete pas ce liure,
   Pour t'en mocquer tu porterois en vain
   En lieu d'vn liure vn fardeau dans ta main.

Sic vos non vobis fertis aratra boues,
Sic vos non vobis nidificatis aues,
Sic vos non vobis vellera fertis apes.

## Fin des Eclogues, Maſcarades,
## & Cartels.

# TABLE ALPHABETIQVE
## du contenu en ce liure.

FIN.

www.ingramcontent.com/pod-product-compliance
Lightning Source LLC
Chambersburg PA
CBHW072036080426

42733CB00010B/1911